Pareça
Maravilhosa
Sinta-se
Maravilhosa

Os conselhos deste livro não têm a intenção de substituir os serviços de profissionais treinados. Dietas e exercícios devem sempre ser realizados mediante supervisão, por isso aconselhamos que você consulte seu médico com relação a todos os assuntos pertinentes à sua saúde, e especialmente com relação aos assuntos que possam exigir atenção ou diagnóstico médico. Se você está grávida, acima do peso ou tem outras condições especiais que exijam atenção, deve procurar uma opinião profissional antes de iniciar qualquer dieta ou programa de exercícios.

JOYCE MEYER

Pareça Maravilhosa
Sinta-se Maravilhosa

12 Chaves
para desfrutar uma vida saudável hoje

Edição publicada mediante acordo com FaithWords, New York, New York. Todos os direitos reservados.

Diretor
Lester Bello

Autora
Joyce Meyer

Título Original
Look Great, Feel Great

Tradução
Maria Lucia Godde / Idiomas & Cia

Revisão
Idiomas & Cia / Fernanda Fonseca / Ana Lacerda

Diagramação
Julio Fado

Design capa (adaptação)
Fernando Rezende

Impressão e Acabamento
Promove Artes Gráficas

BELLO PUBLICAÇÕES

Av. Silviano Brandão, 1702
Horto - CEP 31.015-015
Belo Horizonte/MG - Brasil
contato@bellopublicacoes.com
www.bellopublicacoes.com.br

© 2006 por Joyce Meyer
Copyright desta edição
FaithWords
Hachette Book Group
New York, NY

Publicado por
Bello Comércio e Publicações Ltda-ME
com a devida autorização de
Hachette Book Group e todos
os direitos reservados.

Primeira Edição – Outubro 2010
2ª. Reimpressão – Julho 2016

Todos os direitos reservados. Nenhuma parte desta publicação poderá ser reproduzida, distribuída, ou transmitida por qualquer forma ou meio, ou armazenada em base de dados ou sistema de recuperação, sem a autorização prévia por escrito da editora.

Exceto em caso de indicação em contrário, todas as citações bíblicas foram extraídas da Bíblia Sagrada Nova Versão Internacional - NVI, 2000, Editora Vida. Outras versões utilizadas: As seguintes versões foram traduzidas livremente do idioma inglês em função da inexistência de tradução no idioma português: AMP (*Amplified Bible*), e NKJV (*New King James Version*, Trechos do Antigo Testamento).

Dados Internacionais de Catalogação na Publicação (CIP)

M612   Meyer, Joyce
Pareça maravilhosa Sinta-se maravilhosa: 12 chaves para desfrutar uma vida saudável hoje / Joyce Meyer ; tradução de Maria Lúcia Godde / Idiomas e Cia. – Belo Horizonte: Bello Publicações, 2016.
244p.
Título original: Look great, feel great.
ISBN: 978-85-61721-63-3

1. Auto-ajuda – Aspectos religiosos. 2. Vida saudável.
I. Título.

CDD: 234.2
CDU: 230.112

Sumário

Introdução	7
A crise de Autoestima dos Estados Unidos	27
Utilizando o Plano de 12 Chaves para Ter uma Saúde Perfeita	37
CHAVE 1. Deixe que Deus Faça o Trabalho Pesado	43
CHAVE 2. Aprenda a Amar Seu Corpo	53
CHAVE 3. Domine o Metabolismo	73
CHAVE 4. Exercite-se	87
CHAVE 5. Alimente-se de Forma Balanceada	103
CHAVE 6. Hidrate Sua Vida	127
CHAVE 7. Alimente-se com Atenção	139
CHAVE 8. Contenha Sua Fome Espiritual	153
CHAVE 9. Diminua o Estresse	165
CHAVE 10. Tenha a Visão Correta	191
CHAVE 11. Facilite as Coisas	201
CHAVE 12. Assuma a Responsabilidade	209
Epílogo. Pratique o que Você Prega: Seja um Modelo de Autoestima para a Próxima Geração	215
Apêndice A. Fale Sobre Você!	227
Apêndice B. Um Pouco de Precaução: Uma Lista para Checar Seu Progresso Diário	229
Apêndice C. Soluções Rápidas de Emergência	233
Apêndice D. Suas Doze Chaves Pessoais	239

Introdução

Você tem ideia do quanto é valiosa? Se você sofre de insegurança ou de autodepreciação; se abusa de seu corpo com uma alimentação ruim ou maus hábitos; ou mesmo se coloca a si mesma no fim da lista das pessoas para as quais você faz alguma coisa, depois das crianças, do marido, dos pais, do chefe e dos amigos, então você *não* entende qual é seu valor. Se você entendesse isso, não trataria a si mesma dessa forma. Você foi colocada nesta terra para espalhar o amor de Deus, e nada pode ter mais valor que isso.

Talvez você nunca tenha aprendido qual é sua importância. Foi o que aconteceu comigo. Quando era criança, sofri abuso e passei a acreditar que eu era a pessoa de menor valor no planeta. Precisei de muitos anos estudando a Palavra de Deus e tendo uma experiência de comunhão com Ele antes de ter uma noção mínima do meu próprio valor.

Ou talvez você soubesse o valor que tem quando era mais jovem, mas em algum momento do caminho você se esqueceu disso, enterrando-o sob uma lista de afazeres que exigiam sua atenção, falando mais alto que sua alma. Se isso é verdade, bem-vinda ao clube. O sistema de valores desvirtuados do mundo moderno nos bombardeia com a mensagem de que nosso espírito, nossa alma e nosso corpo vêm por último, depois do dinheiro, da comida, do *status* etc. Não importa o quanto resistamos, todos acabamos sucumbindo uma hora ou outra.

Não há palavras para expressar o quanto é importante reformar seu sistema de valores e voltar para um sistema mais antigo: o sistema de valores *de Deus*. Ele se aplica a todas as pessoas, e coloca todo o seu ser (corpo, mente, vontade, emoções e espírito) bem no topo da lista de coisas importantes e valiosas para Deus. Todo o seu ser exerce um papel importante no plano de Deus; Ele o confiou a você para cuidar dele, e essa realmente é uma grande responsabilidade. Somente mantendo seu espírito, sua alma e seu corpo em condições de excelência você poderá realmente fazer a obra de Deus.

Deixe-me dar-lhe um exemplo. Certo dia, eu estava sentindo muita culpa por algo que tinha feito de errado. Embora eu pedisse a Deus que me perdoasse e acreditasse que Ele tivesse me perdoado, continuava me sentindo culpada. Minha mente estava no passado, quando deveria estar no futuro. Eu me sentia deprimida e desanimada. Eu sentia dor de cabeça e, de uma maneira geral, não sentia muita vontade de fazer nada. O Espírito Santo começou a tratar comigo sobre aquela atitude. Ele me perguntou se eu achava que minha atitude estava me ajudando ou ajudando o trabalho Dele. Então Ele disse: "Quero que você supere isso porque neste estado você não tem utilidade para Mim". A maneira direta de o Espírito Santo tratar comigo me ajudou a ver que eu estava desperdiçando meu dia em meio a emoções negativas. Eu realmente estava permitindo que minha alma (mente, vontade e emoções) afetasse negativamente meu espírito e meu corpo. Meu espírito se sentia oprimido e meu corpo doía. Precisamos entender que somos criaturas complexas e que cada parte de nós afeta as outras partes.

Se não cuidarmos bem do corpo, o espírito e a alma serão menos eficazes. Se nos preocuparmos em excesso, isso poderá afetar nossa saúde de forma negativa. Se não tivermos um relacionamento com Deus e formos espiritualmente fracos, sentiremos que nada funciona direito em nossa vida. Somos definitivamente seres trinos e nossa natureza possui muitas facetas, e cada uma delas precisa de atenção especial.

Mas como fazer a manutenção do espírito, da alma e do corpo? Não podemos deixá-los na oficina mecânica para regulagem. Uma das melhores maneiras de cuidar do espírito e da alma enquanto você está neste planeta é cuidando do corpo. O corpo é o templo do espírito e da alma; ele é a casa onde eles habitam enquanto você está nesta terra. A Palavra de Deus diz que o corpo é o templo de Deus! Ele habita naqueles que creem Nele.

> Acaso não sabem que o corpo de vocês é santuário do Espírito Santo que habita em vocês, que lhes foi dado por Deus, e que vocês não são de si mesmos?
>
> 1 Coríntios 6:19

O que aconteceria se você fosse a uma igreja e ela estivesse em ruínas? A pintura descascando, as portas quebradas, as janelas sujas impedindo a entrada da luz. Você se perguntaria quem era o pastor, certo? A igreja é o instrumento do pastor para celebrar a glória de Deus, mas se ele não respeitar a igreja o suficiente para dedicar tempo a fim de mantê-la em condições, o que isso nos diz sobre o relacionamento dele com Deus?

A mesma pergunta se aplica a seu corpo. Ele é o instrumento que foi dado por Deus a você para que você pudesse ter a experiência da vida na terra e para fazer boas obras. Ele é a casa do espírito, onde Deus habita. Para fazer o trabalho que você deve fazer, você precisa mantê-lo em forma. Se você permitir que seu corpo fique debilitado ou doente, ele se tornará uma distração constante para você. Você não poderá ter a experiência da presença de Deus e de Sua alegria e paz, assim como não poderia fazê-lo em uma igreja desconfortável, em estado precário ou esteticamente desagradável. Todas as vezes que desabamos emocional, mental ou fisicamente, isso tem um efeito desgastante em nós. Se passarmos por isso com muita frequência, poderemos finalmente chegar a um ponto em que não possamos mais ser restaurados.

Ainda preciso me lembrar disso. Certa vez, tive problemas vocais por falar em um seminário quando estava com muita dor de garganta. Naquela manhã, quando acordei, eu mal podia emitir um som. Eu sabia que não devia falar, mas pensei na decepção da plateia caso eu não o fizesse. Então, me obriguei a falar, pensando que poderia simplesmente atravessar o dia e descansar minha voz no dia seguinte. Eu não estava mostrando respeito por meu corpo e empurrei as próprias necessidades para o final da lista. Não usei a sabedoria e o bom senso.

Parece que costumamos deixar para cuidar de nós mesmas em outro dia qualquer! Consegui falar naquele dia, mas no dia seguinte eu não conseguia emitir nenhum som. Também não consegui no outro dia, nem no dia depois dele. Tive de ajustar minha agenda. Aquela situação continuou e comecei a me preocupar. Eu sabia que alguma coisa estava errada com minha garganta. Finalmente fui ao médico, o qual me disse que eu havia danificado minhas cordas vocais e que nunca mais deveria falar em público quando estivesse com muita dor de garganta. Ele me deu remédios para reduzir o inchaço e a inflamação. Ele disse que todas as vezes que nos obrigamos a ir além dos limites razoáveis, causamos danos, e se fizermos isso com muita regularidade, chegaremos a um ponto em que não poderemos mais nos recuperar. Ele disse que eu perderia até mesmo a capacidade de ensinar se eu não respeitasse minha voz e cuidasse dela.

Pense nisto. Por ignorar a sabedoria do corpo e tentar agradar aos outros naquele momento, eu quase prejudiquei todo o meu ministério! Se tivesse danificado minha voz de forma permanente, eu teria deixado de ajudar várias pessoas e teria sabotado o chamado que está sobre minha vida. Agora sou mais cuidadosa ao proteger as ferramentas de que preciso para fazer a obra de Deus — minha voz, minha mente, meu coração, minhas emoções, meu corpo... Na verdade, quando pensamos nisso, toda a sua capacidade para estar ativa e fazer o bem no mundo requer uma mente, um corpo e uma alma saudáveis, e essas coisas dependem de um estilo de vida e de um ambiente saudável. Manter esse pensamento em mente pode ajudá-la a permanecer no caminho de sua vida e a não tomar decisões equivocadas.

Esse é o tema deste livro. Eu o escrevi porque fico consternada com o número de pessoas que vejo — quando autografo meus livros, em meu ministério, e no público em geral — que não estão cuidando de si mesmas. Muitas delas se sentem visivelmente péssimas. Qualquer um pode ver isso devido à aparência e a postura delas. Você simplesmente não pode ter uma ótima aparência se não se sente ótima. A maneira como você se sente será notória de alguma forma: na sua linguagem corporal, no seu olhar entediado, ou até na cor da sua pele. Cuidar de nós mesmos faz parte da nossa natureza, então *por que não fazemos isso?* Pensei nas razões pelas quais isso não acontece, e estes motivos me vieram à mente:

1. *Não sabemos como cuidar do corpo.* Décadas de dietas ruins, desinformação e acesso fácil a *fast-foods* e a alimentos

pré-embalados deixaram as pessoas surpreendentemente confusas quanto ao que é uma dieta saudável e quanto à maneira certa de se alimentar. Talvez você se surpreenda ao ver como é fácil e sensato comer direito! Eu lhe darei as informações de que você precisa para entender como os diferentes alimentos a afetam, juntamente com algumas diretrizes extremamente simples de serem seguidas.

2. *Temos em nossa mente uma imagem corporal deturpada pela mídia e pela propaganda.* De um lado, somos inundadas por ideais de beleza inatingíveis, ao passo que, de outro, a obesidade é tão predominante que chega a ser quase considerada a norma. Precisamos redefinir nossa imagem interna de qual deve ser a aparência de uma pessoa saudável.

3. *Perdemos o contato com o exercício.* Praticamente durante toda a existência humana, o exercício foi parte de nossa vida diária. Agora, inventamos tantas conveniências que chegamos ao ponto de viver muitas vezes totalmente dissociados da atividade física. No entanto, uma boa dose de nosso bem estar depende de exercício. Quando eu explicar tudo que o exercício faz em seu benefício, talvez você se sinta inspirada a fazer dele uma parte diária da sua própria vida. Eu lhe mostrarei algumas maneiras simples de se manter em forma que não vão virar sua rotina de cabeça para baixo.

4. *Nós nos permitimos cair em um estilo de vida impraticável.* Com as incríveis pressões de termos de fazer malabarismo entre carreira, criação de filhos, pagamento de dívidas altíssimas e trabalhar muitas horas sem descansar o suficiente (o famoso "assobiar e chupar cana ao mesmo tempo"), é tão fácil (ah, como é fácil!) deixar a malhação de lado, pegar

um cheeseburguer apressadamente, roubar tempo de nosso sono para colocar a papelada em dia e nos concentrar em pequenos problemas até que tenhamos eliminado de nossa vida tudo que um dia nos deu prazer ou nos manteve sãs. Isso é muito ruim, porque a vida é um presente e ela deve ser cheia de alegria. Ela deve ser agradável *e* sã. Mas quando você souber o impacto que todo esse estresse causa em sua saúde, entenderá o crime que isso representa contra você — e espero que tome uma atitude para recuperar uma existência viável.

5. *Nós nos tornamos patologicamente altruístas.* O altruísmo pode viciar. É muito bom fazer algo pelos outros e isso nos faz sentir importantes. Sim, é bom ajudar as pessoas e deve ser uma parte importante de nossa vida, mas em minha atividade, costumo ver pessoas que têm o hábito de ignorar suas necessidades básicas. A única coisa que lhes dá sentido é fazer coisas pelos outros. Isso é admirável, mas pode-se passar dos limites facilmente e confundir sofrimento com virtude. Os mártires costumam acabar amargos. E quando o corpo entra em pane e a vida não é mais prazerosa, torna-se cada vez mais difícil servir a quem quer que seja. Os voluntários que servem sopa para os pobres não deixam suas panelas serem destruídas enquanto distribuem generosamente mais um prato de sopa. Eles dedicam tempo para cuidar do equipamento de que precisam para cumprir seu chamado. E você deve fazer o mesmo com a peça mais importante de seu equipamento — seu corpo.

Não estou sugerindo que sejamos egoístas porque isso nos faz muito infelizes e não é assim que Deus nos ensina a viver. Devemos viver uma vida de sacrifício e nos envolver na prática de boas obras, mas, nesse processo, não devemos ignorar nossas necessidades básicas. Tudo na vida deve ser equilibrado ou alguma coisa vai se quebrar, e geralmente somos nós.

6. *Perdemos nosso apoio.* Quando não temos um bom círculo social ou um fundamento divino para manter o humor em alta, é fácil cair no tédio, na solidão e na depressão. Se não formos capazes de preencher esse vazio de alguma forma, o diabo o fará. Você já deve ter ouvido o ditado: "A natureza abomina o vácuo". Bem, o diabo adora um vácuo! Ele colocará um monte de comida ruim a seu alcance e fará com que você confunda fome espiritual ou emocional com fome física. Manter uma boa rede de apoio é uma excelente forma de impedir a formação de maus hábitos. Precisamos nos cercar das pessoas certas, que sejam sinceras quando virem que estamos perdendo o equilíbrio. Precisamos passar um tempo diário em comunhão com Deus aprendendo Seus princípios. Seu Espírito Santo, que opera através de Sua Palavra, nos convence de nossos erros e nos dá a chance de fazer mudanças positivas antes que entremos em colapso ou fiquemos doentes.

7. *Nós esquecemos nosso valor.* Foi neste ponto que comecei, e é a este ponto que quero voltar. Se você não entender sua importância no plano geral, cuidar de si mesma pode parecer sem sentido. Lembrar a você o seu lugar no plano de Deus é a minha primeira e mais importante tarefa. Deus tem um futuro maravilhoso planejado para você, e você precisa estar pronta para ele! Você precisa parecer e se sentir maravilhosa, por dentro e por fora, pronta para fazer qualquer coisa que Deus lhe pedir.

Introdução

Minha História

1 Coríntios 6:19-20 explica que seu corpo é o templo do Espírito Santo, que está em você desde que o recebeu de Deus. Você não pertence a si mesma; você foi comprada e um preço foi pago por você. É por isso que você deve usar seu corpo para a glória de Deus. O plano de Deus para você inclui manter mente, corpo e alma sadios, assim como um espírito saudável. Mas, como eu disse, no mundo moderno é fácil demais deixarmos um, dois ou todos esses pontos de lado. Uma série de fatores trabalha contra nós. Antes que você se dê conta, o templo está em ruínas e você nem sequer sabe como começar a restaurá-lo. E você pode ser tentada a considerar a ideia de uma demolição.

Mas esse processo de restauração é muito mais simples do que se pensa. Ele envolve apenas cuidar das coisas um passo de cada vez e aprender alguns segredos ao longo do caminho. Sei disso porque houve um tempo em minha vida em que eu adoraria demolir meu templo. Aprendi algumas lições difíceis bem cedo na vida e passei a não gostar de meu corpo, então é claro que eu tinha pouca motivação para cuidar dele, o que só piorava meus problemas. É triste dizer que aprendi da maneira mais difícil o quanto é importante cuidarmos bem de nós mesmos. O processo de restaurar a saúde do corpo exigiu um compromisso genuíno, mas agora que consegui atingir a saúde e a boa forma, sei a diferença que isso faz. Dou atenção à manutenção de minha mente, de minhas emoções, de meu corpo e de meu espírito, e estou ansiosa para ser uma espécie de arquiteta para outras pessoas, ajudando-as a projetar um plano para seu projeto de restauração.

O relacionamento negativo com meu corpo começou com o abuso sexual, emocional e mental que sofri na infância. A vida em minha casa era extremamente disfuncional. Eu vivia debaixo de constante estresse, embora certamente não conhecesse essa expressão naquela época. Comecei a sentir os efeitos em meu corpo quando era adolescente. Os primeiros problemas de que me lembro eram constipação e dores estomacais. Fui ao médico, que me disse que eu tinha o cólon convulsivo. Anos depois, aprendi que esse distúrbio costuma ser causado por excesso de tensão, nervosismo e estresse. Lembre, sempre que o corpo não pode relaxar, esse estado de falta de tranquilidade promove a doença.

Durante aqueles anos de abuso e medo, desenvolvi uma personalidade baseada na vergonha. Eu me sentia mal comigo mesma o tempo todo. Sentimentos desse tipo podem desenvolver um círculo vicioso, e foi exatamente o que aconteceu comigo. Como não gostava de mim mesma e não me sentia atraente, eu não tinha confiança, e agia de acordo com esse sentimento. Eu estava vinte quilos acima do peso porque me alimentava mal e não me exercitava, e não me achava suficientemente especial para fazer qualquer tipo de esforço em favor de mim mesma. Eu tinha uma aparência ruim e me sentia mal. Eu era a última garota a ser convidada para sair com um rapaz porque não me sentia bonita e não estava fazendo nada para ajudar a mim mesma. Isso, naturalmente, só fazia o círculo vicioso piorar.

A culpa era minha companhia constante durante a adolescência. Eu acreditava que devia haver algo errado comigo — o que mais faria com que meu pai abusasse de mim e me tratasse como lixo? Cresci e me tornei uma adulta muito insegura que sofria de baixa autoestima. Eu me sentia sem valor.

As crianças vítimas de abuso costumam desenvolver esses sentimentos, mas podem reagir a eles de formas diferentes. Eu acrescentei mais estresse à minha vida tentando provar que tinha valor por meio de realizações. Eu trabalhava muito, desesperada para ter aprovação e temendo que, se não provesse minha própria subsistência, ninguém mais o faria. Também me tornei uma pessoa que era a salvadora dos que tinham problemas. Eu tinha um senso de responsabilidade superdesenvolvido e me sentia encarregada de coisas que devia deixar que outras pessoas cuidassem.

Minha vida emocional era um caos devido aos anos de maus tratos. Eu me irava com facilidade, estava frustrada a maior parte do tempo, e meu humor podia oscilar de forma instável. Lá no fundo, eu achava que Deus estava zangado comigo. Embora tentasse ter um relacionamento com Ele, esse relacionamento também era disfuncional. Eu não sabia receber amor — nem o Dele, nem o de ninguém.

Receber o amor incondicional de Deus é o princípio de toda cura emocional. Até que possamos receber esse amor, não podemos amar a nós mesmos adequadamente, nem podemos amar os outros. Creio que o mundo está faminto por amor e ocupado tentando conseguir esse amor por intermédio de fontes que nunca o satisfazem, enquanto Deus quer dá-lo liberalmente. O dinheiro não pode satisfazer. A posição, o poder ou a fama também não. Todos eles são substitutos incapazes para o amor. Todos eles deixam um descontentamento interior que gera todo tipo de problemas, inclusive a obesidade. As pessoas estão tentando satisfazer uma fome que a comida não pode aliviar.

Aos dezoito anos, casei-me, saí de casa, e me mudei mais de quinze vezes em um período de cinco anos. Eu não tinha amigos de verdade porque nunca desenvolvi nenhum relacionamento quando criança. Eu não sabia fazer amigos e manter um relacionamento saudável. Eu era solitária e triste, que é outro tipo de vazio causado pela fome de amor.

Meu primeiro casamento foi extremamente estressante. Meu marido e eu nos separamos diversas vezes. Ele bebia muito, tinha dificuldades para manter os empregos, relacionava-se com outras mulheres, e era um ladrão de quinta categoria. Não tenho palavras para descrever o quanto minha vida era instável naquela época.

Sofri um aborto espontâneo e mais tarde dei à luz um filho. Quando saí do hospital com meu bebê, eu não tinha para onde ir, então vivi com um parente por alguns meses. Depois de pedir o divórcio, mudei-me para a casa de meus pais, em desespero. Estou certa de que você pode perceber que o estresse era meu estado normal. Eu não percebia que tudo isso estava cobrando seu preço em meu corpo.

Conheci Dave Meyer quando meu filho tinha nove meses e nos casamos depois de um namoro tumultuado de cinco encontros. Obviamente, por causa dos problemas internos que eu tinha, os primeiros anos de nosso casamento não foram pacíficos. Se Dave não fosse um cristão comprometido, duvido que ele tivesse ficado comigo.

Embora meu relacionamento com Deus na época não fosse o que hoje considero saudável, eu me esforçava muito para isso — como em tudo que fazia. Eu queria ajudar as pessoas e Deus me chamou para o ministério em 1976, quando eu tinha trinta e três anos. Sendo uma mulher tentando iniciar um novo ministério, sofri oposição por parte de minha família, de meus amigos e de minha igreja. Mais estresse! Dediquei-me ao ministério a todo vapor. Era a minha maneira de sentir que eu tinha valor. Minha identidade ainda estava envolvida por minhas realizações.

Sempre atormentada pelo medo do fracasso e pelo sentimento de desvalorização que o acompanhava, concentrei-me firmemente no sucesso. Eu agendava tudo que podia para todos os dias. Dormir? Relaxar? Diversão? Rir? Isso equivalia a tempo jogado fora. Além do mais, eu fazia tantas coisas todos os dias e trabalhava até tão tarde toda noite que não conseguia fazer meu organismo desacelerar o suficiente para dormir o bastante. Eu me abastecia com café todas as manhãs para compensar a falta de sono e continuar seguindo em frente.

Quando cheguei aos trinta e seis anos, meu corpo começou a apresentar sintomas mais graves. Fiquei doente direto por quatro meses. Eu me sentia tão mal a maior parte do tempo que mal conseguia me levantar do sofá. Hoje entendo que era porque meu corpo já estava entrando em colapso devido aos anos de estresse. Mais tarde, comecei a ter desequilíbrios hormonais. Meus ciclos menstruais eram frequentes e excessivos. Eu tomava injeções de estrogênio a cada dez dias simplesmente para funcionar. No fim das contas, acabei tendo que fazer uma histerectomia, o que imediatamente me lançou em uma mudança de vida.

Em 1989, fui diagnosticada com câncer de mama. O tumor estava crescendo depressa e se nutria de estrogênio, o que significava não apenas que eu precisava de cirurgia imediata, como também que não podia mais fazer reposição hormonal enquanto passava pela menopausa precoce. Fiz a cirurgia e passei por vários anos de sofrimento absoluto porque meu sistema hormonal estava caótico. Como você pode imaginar, eu estava um caco.

Durante esse período, minhas enxaquecas começaram. Elas eram regulares e torturantes. Eu costumava sentir como se uma faca estivesse sendo enfiada em meu olho direito.

Apesar de tudo isso, eu continuava com meu trabalho no ministério. Eu viajava, ensinava a Palavra de Deus, permanecia tendo fé em minha cura, e costumava me perguntar como conseguiria continuar por muito mais tempo. Se você me visse, talvez não soubesse que algo estava errado comigo. Você teria me considerado uma mulher importante e de sucesso, como a maioria das pessoas. Eu parecia cansada, mas não doente. Às vezes isso era frustrante, porque eu dizia a alguém o quanto me sentia mal, e essa pessoa logo dizia: "Bem, certamente você não parece doente". Essas pessoas provavelmente achavam que eu estava simplesmente "aparentando minha idade". Elas não podiam ver que eu estava tão cansada interiormente e exteriormente que quando acordava pela manhã desejava que fosse hora de ir para a cama. Eu cumpria minhas obrigações, trabalhava duro, mas não desfrutava de *nada*.

Sem dúvida, parte do problema vinha dos anos de dietas. Eu estava sempre cerca de vinte quilos acima do peso e sempre seguindo uma dieta da moda. Como a maioria das pessoas que fazem dieta a vida inteira, eu provavelmente perdi e ganhei de volta 450 quilos. Meu corpo não sabia o que esperar. E eu não sabia o que dar a ele. Cresci comendo frituras e amido. Ninguém nunca me ensinou o que um corpo precisa para permanecer saudável. Eu queria perder peso, comer direito, parecer maravilhosa e me sentir maravilhosa; só não sabia como.

Finalmente, comecei a ler livros sobre nutrição. Creio firmemente que Deus me levou até eles. Aprendi fatos básicos que me ajudaram imensamente. Aprendi o quanto as escolhas dos alimentos são importantes e como as deficiências de vitaminas podem ser perigosas; aprendi sobre proteína, gordura e carboidratos. Finalmente entendi a verdade simples do velho ditado "você é o que você come". Alimentos diferentes afetam o desempenho, a saúde, os sentimentos, a aparência e o próprio conjunto do corpo. Percebi que comer direito tinha de ser um modo de vida, e não apenas uma dieta à qual eu me submetia para perder um pouco de peso, só para voltar aos meus maus hábitos e ganhá-los de volta. Eu estava cansada daquele ciclo. Muitas de vocês também estão cansadas.

Os livros que li naquela época não incluíam informações sobre o estresse. Naquele tempo, poucos cientistas entendiam o poder da ligação mente-corpo como entendem hoje. Eles sabiam que o estresse pode nos deixar esgotados, eles sabiam que ele exercia um efeito negativo sobre nossa saúde, mas não percebiam o quanto ele podia nos deixar doentes. Eles não sabiam que isso podia fazer você envelhecer mais depressa que o normal. Muitos dos médicos que visitei (e eu estava sempre indo a médicos) me disseram que eu estava sob excesso de estresse e precisava desesperadamente fazer mudanças em meu estilo de vida. Eles me disseram que eu era emocional demais, tensa demais, mas qual era a solução? Eu me sentia presa em uma armadilha. Tirar um ano de folga para me recuperar estava fora de questão. Tínhamos uma grande equipe em nosso ministério e eu sentia que todos eles dependiam de mim. Se eu não fizesse minha parte, ninguém recebia no final do mês. Meu trabalho era exaustivo; nada podia ser deixado de lado ou delegado. Essa é uma ilusão clássica na qual caímos de vez em quando. Às vezes preferimos ficar confusos a encarar a verdade e lidar com os problemas em nossa vida. Quando as pessoas que me amavam tentavam me dizer que eu precisava parar de trabalhar tanto, eu simplesmente dizia a elas que elas não entendiam meu chamado.

Durante aquele tempo, eu não entendia por que Deus não estava protegendo minha saúde. Ali estava eu, fazendo a obra Dele, e Ele não estava me ajudando a ficar bem para poder fazê-la melhor. Por muito tempo, coloquei a culpa de minha saúde precária no diabo. Para mim, ele estava colocando obstáculos em meu caminho porque eu tentava ajudar as pessoas. Eu estava certa — ele estava me sabotando —, mas finalmente entendi que a única razão pela qual ele podia fazer isso era porque eu abri uma porta enorme para que ele entrasse em minha vida. Eu estava quebrando as leis de Deus com relação à saúde e ao descanso e Ele não estava me dando um "bilhete especial" que me livrasse de colher o que eu estava semeando.

Não importa qual seja o motivo para abusarmos de nós mesmos, quando fazemos isso, plantamos sementes de desobediência e elas sempre trazem uma colheita de colapso físico, mental e emocional. O apóstolo Paulo trabalhava com um homem que ficou enfermo por trabalhar demais no ministério. O homem quase morreu, mas o Senhor o poupou, e Paulo o mandou para casa. Acho interessante que ele não tenha voltado direto para o trabalho. Ele foi para casa descansar!

Durante anos, enquanto meu ministério crescia e florescia, eu estava constantemente doente. Minha situação não era totalmente debilitante, mas era uma pequena coisa atrás da outra. Eu nunca, jamais, me sentia completamente bem. Meu corpo estava tentando me dizer algo, mas eu não ouvia.

Eu tomava suplementos nutricionais e pensava que eles estavam me ajudando a sobreviver — mais do que qualquer remédio que me dessem! Eu agradeci a Deus mais de uma vez pelas vitaminas, minerais, ervas, *shakes* de proteínas e bebidas energéticas. Mas meu corpo estava tão desprovido de saúde que tudo que os suplementos faziam era me escorar para me manter de pé e depois me tirar dali por mais um dia. Nunca construí nenhuma reserva nutricional e o estresse apenas continuava sugando tudo que eu colocava para dentro. Um corpo estressado usa uma quantidade enorme de nutrientes. As pessoas que mal têm energia suficiente para atravessar cada dia não possuem reservas.

Finalmente cheguei ao ponto em que estava tão esgotada que, se acontecesse alguma coisa estressante, eu começava a suar, mesmo se fosse algo tão banal quanto pisar no freio no trânsito. Eu chorava com facilidade. Meu corpo e minhas emoções pareciam totalmente estranhos para mim. Quando minha pressão sanguínea chegou a um nível perigoso, eu soube que era hora de fazer algumas mudanças e a única pessoa que podia fazer isso era eu.

Eliminei muito estresse de minha vida cortando coisas da agenda que não estavam dando nenhum fruto. Isso parece fácil, mas foi muito difícil. Afinal, eu estava à frente de um ministério internacional e achava que precisava estar envolvida em tudo que acontecia. Você já pensou que se não estiver envolvida com alguma coisa nada será feito direito? É difícil para você delegar tarefas a outros? Se você é assim, sei como se sente, mas também posso lhe dizer que enquanto você mantiver essa atitude seu trabalho nunca será feito e você provavelmente se sentirá estressada e sem alegria.

Decidi que mesmo que um trabalho não fosse realizado exatamente da maneira que eu preferia, era melhor que eu o delegasse a outros. Você ficará surpresa em ver como as pessoas crescerão dentro de uma função quando você der a elas o espaço para fazer isso! A confiança é uma emoção poderosa. Além do mais, qual é o sentido em fazer tudo você mesma se o estresse faz com que você se sinta tão mal que não pode aproveitar os frutos de seu trabalho?

Mas meu corpo estava muito além do ponto em que simplesmente delegar responsabilidades me devolveria a saúde. Eu literalmente não conseguia deixar que meu corpo relaxasse. Eu não fazia ideia de que meus músculos do pescoço, inacreditavelmente tensos, estavam por trás de minhas enxaquecas. Preguei em uma igreja na Flórida e novamente tive uma dor de cabeça terrível. O pastor sugeriu que eu permitisse que uma fisioterapeuta da igreja fizesse uma massagem em meu pescoço. Pensei comigo mesma: "Em que isso pode ajudar? Estou doente — esfregar meu pescoço não vai consertar isso". Mas concordei com relutância. Quando a mulher tocou meu pescoço, praticamente pulei de dor. Ele estava tão tenso e dolorido que eu mal podia suportar o toque de sua mão. Ela me encorajou a suportar a dor e a deixar que ela tirasse a tensão de meus músculos.

Para minha surpresa, a dor de cabeça parou. Aquela foi minha introdução à massagem, e creia-me, depois daquilo, fiz tantas quantas pude. A massagem ajuda a relaxar o corpo, faz o sangue circular até à superfície da pele, força as toxinas a saírem do músculo, ajuda o tônus da pele e gera uma sensação de bem estar em todo o corpo. Mais adiante, neste livro, falarei mais sobre os benefícios terapêuticos da massagem.

Embora a massagem tenha me ajudado imensamente, descobri que pelo fato de eu não ter eliminado o estresse de minha vida, não fiz um progresso permanente. As massagens me relaxavam, mas no final do dia seguinte, todos os meus músculos estavam tensos novamente.

Quando finalmente associei a ajuda nutricional com as mudanças positivas em meu estilo de vida, como massagens e uma agenda mais relaxada, comecei a ter bons resultados. Consegui um pouco de relaxamento muscular, o que me ajudou a eliminar as dores na cabeça, no pescoço e nas costas. Meu nível de energia também aumentou. Mas isso não aconteceu da noite para o dia! Abusei de meu corpo por muito tempo — na verdade, por toda a minha vida — e foram necessários quase três anos até que eu me sentisse realmente bem.

Não se assuste com essa margem de três anos! Minha saúde melhorou gradualmente, ao longo do caminho, e um simples gostinho de estar se sentindo melhor é um motivador poderoso. Como você se sente quando, depois de estar doente, começa a melhorar? Há algo de prazeroso nisso, mesmo que você não esteja completamente bem. Meu processo de recuperação foi recompensador, mas levou tempo. Não pense que você pode tirar dois compromissos da agenda, engolir algumas vitaminas todos os dias e ficar bem instantaneamente.

Sua recuperação pode não demorar tanto quanto a minha, ou pode demorar mais. Tudo depende de seu estado. Mas independentemente do quanto demore, agora é a hora de começar. Não se contente em se sentir mal por nem mais um dia enquanto você não faz nada a respeito a não ser reclamar. A ajuda está disponível para você! Seu corpo tem a capacidade de se recuperar. Deus trabalhará em você para trazê-la de volta à plenitude se você seguir as diretrizes Dele para ter uma boa saúde. Na Bíblia, Provérbios 18:14 afirma que o espírito forte de um homem o sustentará em meio à doença. Se você estiver pronta para seguir o plano de Deus para ter uma saúde perfeita e para ser dirigida pelo espírito, o resto se seguirá.

Escrevi *Pareça Maravilhosa, Sinta-se Maravilhosa* porque tenho sessenta e três anos e posso dizer sinceramente que hoje me sinto melhor física, mental, emocional e espiritualmente do que nunca me senti em toda a minha vida. Essa é uma afirmação tremenda! Vivo cada dia apaixonadamente, e a mudança que aconteceu em mim foi extraordinária! Muitos de nós ficamos aprisionados em uma rotina de pensamentos negativos, acreditando que nossos dias de saúde ficaram para trás e que simplesmente vamos ficar mais fora de forma, mais doentes e com menos energia à medida que envelhecermos. Sou uma prova viva de que isso não é verdade! Esses são meus melhores dias. Tenho uma energia e um contentamento que nunca tive antes, uma fé poderosa, e realmente espero viver minha vida com saúde e graça. Independentemente de que idade você tenha ou do estado em que esteja, você pode fazer o mesmo. Temos a promessa de Deus de que ainda podemos ser muito produtivos na velhice. Quero ajudá-la a chegar lá.

> Mesmo na velhice darão fruto, permanecerão viçosos e verdejantes.
>
> Salmo 92:14

Com o passar dos anos, aprendi a cuidar de mim mesma e, acima de tudo, aprendi que posso ter toda uma vida com saúde para o corpo e a alma. Quero compartilhar aqui meus pensamentos, meu conhecimento, minha experiência e meu incentivo. Quero compartilhar minha fé, porque acredito que a boa saúde, como um todo, requer uma fé sólida em Deus através de Jesus Cristo. Ele me ajudou e me restaurou ao longo dos anos difíceis. Deus me mostrou o que fazer e me levou a fazer mudanças positivas. Às vezes eu levava muito tempo para obedecer completamente, mas posso dizer por experiência própria que o jeito de Deus funciona. Sua Palavra está repleta de diretrizes para se ter uma boa saúde; qualquer pessoa que as siga terá bons resultados. Quero ajudá-la a economizar o tempo que levei para compreendê-las. Levei mais de cinquenta anos para entender esses princípios!

Isso significa que passei por situações profundamente tenebrosas onde eu não podia ver nenhuma luz. Comecei minha vida nesse estado. Sei o quanto as coisas podem parecer sem esperança, e eu não estaria lhe dizendo que cuidar das pequenas coisas pode fazer com que grandes coisas aconteçam se eu não tivesse passado por isso e feito o mesmo. Eu era uma garota solitária, deprimida e acima do peso; eu era uma pessoa viciada em trabalho; eu era doente por causa do estresse; eu era dependente de cafeína e cigarro; eu estava distante de Deus e perambulava por um deserto espiritual; eu era viciada em dietas.

Eu fui todas essas coisas, e cada uma delas me parecia esmagadora e insuperável, mas pude ver Deus me libertar de todos esses problemas quando meus olhos foram abertos e tomei a decisão de me concentrar nas coisas básicas. Comecei a fazer as pequenas coisas a cada dia para cuidar do corpo e da alma, e deixei Deus ser minha companhia constante nessa jornada. Agora me sinto ótima, realizo mais coisas do que nunca, alcanço mais pessoas, e faço isso com a alegria, a paixão e a liberdade com as quais Deus pretende que vivamos todos os dias. Ter isso é direito seu, e espero que você se una a mim enquanto pegamos nossos martelos espirituais e iniciamos a obra de sua restauração.

A Crise de Autoestima
dos Estados Unidos

Dê uma olhada nos shoppings, nos restaurantes, nas calçadas e nos programas de televisão dos Estados Unidos, e você verá os muitos sinais de uma sociedade que sofre de uma crise de autoestima. Casais vão ao programa *The Jerry Springer Show* e constrangem um ao outro por nada além de quinze minutos de fama. Pessoas perigosamente acima do peso se entopem com mais sorvete de casquinha, sem se importar com o que estão fazendo com seu corpo ou com o mau exemplo que estão dando aos outros. Mulheres atraentes e perfeitamente normais parecem fazer o máximo para terem a pior aparência possível.

Costumo fazer noites de autógrafos em que vou a uma livraria, cumprimento as pessoas que compraram um de meus livros e assinoos para elas. Fico impressionada com a diferença na maneira como as pessoas cuidam de si mesmas. Algumas estão em ótimo estado, ao passo que outras parecem que estão a ponto de falecer. Algumas têm pele macia, enquanto outras parecem um jacaré. Algumas estão bem penteadas, ao passo que outras estão totalmente descabeladas. Não acredito que essa diferença seja o resultado do fato de que uma pessoa teve uma vida terrível enquanto a outra tem uma vida de conto de fadas. Essas pessoas estão fazendo escolhas sobre a maneira como se apresentam ao mundo.

É verdade que não se pode julgar um livro pela capa, mas geralmente é ela que o leva a pegar o livro! Quer você goste ou não, o que vemos nos afeta, e começamos a formar opiniões com base nisso. Sempre digo aos funcionários que atendem o telefone no ministério que eles são a primeira pessoa que dá uma impressão do Ministério Joyce Meyer, e essa primeira impressão é muito importante. A Bíblia nos ensina a não julgarmos pela aparência, ou apressadamente, e concordo com isso, mas isso não altera o fato de que a maneira como nos apresentamos está relacionada ao que as pessoas pensam a nosso respeito. E se sabemos disso, por que algumas pessoas optam por dar uma primeira impressão tão terrível?

O fator subjacente, por trás desse comportamento, é o amor próprio, ou a falta dele. Quando temos alguma coisa que acreditamos ser valiosa, nos esforçamos para cuidar dela.

Eu lhe asseguro que isso não é uma questão de estilo. Não se trata do fato de que o estilo *grunge* (bagunçado) está na moda, e essas pessoas estão, na verdade, causando uma boa impressão em seus colegas. Admito que no "meu tempo" tínhamos de nos vestir bem sempre que saíamos, e levei algum tempo para me acostumar com o estilo casual de hoje. Mas sei muito bem a diferença entre alguém que faz um bom trabalho em se vestir no estilo casual e alguém que simplesmente é relaxado e não faz nada para cuidar de si mesmo. Não formo opiniões com base no estilo. Mas se as pessoas têm uma aparência doentia ou suja, se elas parecem muito mais velhas do que realmente são, então eu me preocupo com elas.

Conheço uma mulher que sofreu abuso verbal por parte de um pai alcoólatra. Ele dizia frequentemente que ela não servia para nada e a acusava de coisas imorais das quais ela não era culpada. Esse tratamento fez com que ela crescesse achando que não tinha valor. Essa mulher não era tratada como uma pessoa valiosa, então ela não se valorizava. Ela também não cuidava de si mesma. Na verdade, ela pode ter sido uma mulher muito atraente, mas não fazia praticamente nada com suas qualidades. Tinha belos cabelos longos, escuros e grossos, mas os deixava caindo sobre o rosto, como se estivesse escondendo alguma coisa. Sua roupa diária era um jeans surrado, uma camisa larga e tênis sujos. Não cuidava da pele, de modo que ela estava áspera e seca. Ela sofria de depressão, tinha um caso sério de artrite, problemas estomacais, hormonais, neurológicos e uma série de outras dores. Raramente comprava alguma coisa para si mesma, porque, no fundo, ela não achava que merecia. Mesmo quando eu lhe dava presentes para fazer com que se sentisse amada e valorizada, ela tinha dificuldade em recebê-los por causa do modo como se sentia a respeito de si mesma.

Você já conheceu pessoas assim? Elas são mais comuns do que gostaríamos de admitir, certo? Vi naquela mulher, assim como em muitas outras que encontrei, o que acredito ser uma ligação entre a baixa autoestima e a má vontade para fazer qualquer investimento a fim de cuidar de si mesma. Essas duas coisas estão intimamente ligadas, e a seta pode ir para os dois lados. As pessoas que têm uma boa autoestima têm maior probabilidade de cuidarem de si mesmas, e as pessoas que dedicam tempo para fazer pequenas coisas a fim de terem uma boa aparência e se sentirem bem têm maior probabilidade de ter uma autoimagem positiva. Elas têm maior probabilidade de serem pais melhores, de serem parceiras mais amorosas, de serem trabalhadoras de qualidade, de serem empreendedoras mais inteligentes.

Pareça maravilhosa, sinta-se maravilhosa. Sinta-se maravilhosa, pareça maravilhosa. Não é coincidência que essas duas coisas estejam juntas. Se há um dia em que não me sinto bem fisicamente, mas sigo em frente e coloco uma roupa confortável e bonita e arrumo meu cabelo e meu rosto como de costume, isso faz com que eu me sinta melhor. Talvez não me faça bem, mas faz com que eu me sinta melhor comigo mesma de um modo geral.

Meus pais e minha tia vivem em uma espécie de condomínio para idosos*. Muitos dos moradores têm oitenta anos de idade ou mais. Divirto-me e me sinto abençoada ao ver essas pessoas se arrumando para irem ao refeitório fazer sua refeição. (O local na verdade possui códigos de vestuário e os moradores não podem sequer ir até o saguão com bobs no cabelo ou com roupas de ficar em casa). Algumas das senhoras usam muita maquiagem e joias grandes, bem como vestidos sofisticados. Os homens costumam colocar terno e gravata. Eles se dirigem aos elevadores por volta das quatro da tarde, muitos deles tendo de se apoiar em andadores, mas com a melhor aparência possível! Creio que tudo isso ajuda esses moradores a se sentirem fabulosos consigo mesmos. Tendo a melhor aparência possível, eles se sentem mais jovens e bem dispostos.

A Sabedoria de Investir em Sua Saúde

Espero alcançar várias pessoas diferentes com este livro. Um grupo são as pessoas que desistiram de si mesmas, que se consideram tão pequenas que pararam de se importar se estão cansadas, acima do peso ou doentes, ou se a vida passa sem que elas jamais a desfrutem.

---

* Uma espécie de condomínio para idosos, porém com muito mais recursos do que os existentes no Brasil. Trata-se de um condomínio no qual essas pessoas têm total assistência para as tarefas diárias como tomar banho e tomar medicação. É destinado a pessoas que não precisam de cuidados 24 horas, mas precisam de uma assistência continuada.

Na verdade, algumas delas desistiram de tudo! Elas acham que é mais fácil não esperar nada de bom do que esperar e se decepcionar novamente.

Na verdade, as coisas não ficam mais fáceis quando você desiste, porque depois você precisará passar o resto da vida se sentindo um fracasso e dando desculpas para Deus para justificar a razão de você não estar usando o dom que Ele lhe deu. O que acontece se sua mãe lhe der um belo quadro, mas você nunca mandar emoldurá-lo? Toda vez que ela vem lhe visitar, você se sente culpada, má e preguiçosa. Você dá outra desculpa, mas lá no fundo você sabe que a verdade é que você simplesmente não se importou o suficiente para fazer isso. Bem, adivinhe. Deus está vindo visitar você *todos os dias*. Ele sabe e vê tudo, portanto, é hora de parar de dar desculpas e começar a fazer o máximo com a vida que Deus lhe deu.

Cuidar de sua vida não é uma gratificação. É uma maneira de respeitar Deus e de respeitar as outras pessoas, porque quando você não se importa consigo mesma, quando você fica doente e incapacitada, você deixa o fardo de ter de cuidar de você para sua família e para a sociedade. Quando nos sentimos mal geralmente falamos muito nisso, e até isso pode se tornar um fardo para os que nos cercam. É altamente frustrante para as outras pessoas saberem que podemos fazer mudanças positivas para ajudar a nós mesmos, mas não queremos fazer isso.

E há ainda outro grupo muito diferente que espero alcançar. Essas pessoas certamente não deixarão a vida passar por elas, mas ficam presas na própria armadilha. São as pessoas de personalidade tipo A, as super-realizadoras, que gostam muito de si mesmas e que dizem que se importam com a saúde, mas que têm coisas grandes e importantes para fazer e que não podem se incomodar com coisas pequenas como exercício, dieta ou cuidados consigo mesmas. Se você é uma dessas pessoas, espero poder convencê-la de que você não está usando a matemática correta. Em vez de achar que o tempo gasto foi desperdiçado, você precisa começar a pensar nele como um investimento na saúde — agora, e principalmente no futuro.

As pessoas não têm problemas em investir em planos de aposentadoria pública ou privada. Embora isso tire dinheiro de seu bolso hoje, essas pessoas sabem que, graças aos juros, ele voltará multiplicado por dez quando elas se aposentarem. Mas essas mesmas pessoas geralmente não estão dispostas a fazer o mesmo investimento pela saúde e pelo bem-estar, o que lhes garantirá um futuro feliz, mais do que qualquer plano de aposentadoria. E elas não precisam nem mesmo esperar ficarem mais velhas para reivindicá-lo. Os investimentos que você faz na saúde começam a dar lucros imediatamente, e eles continuam dando lucros por toda a vida. Que grande negócio! É hora de você se preocupar menos em investir em ações, títulos ou imóveis, e se preocupar um pouco mais em investir *em si mesma*.

Pense em seu carro. Você sabe que vale a pena fazer pequenas coisas como trocar o óleo e os filtros, trocar os pneus, verificar os fluidos, e daí por diante. Você não tem nenhum benefício imediato por fazer essas coisas, mas sabe o que acontece se *não fizer*. De repente, o carro não funciona direito e não pode levá-lo para onde você precisa ir. E destruir o bloco do motor por ficar sem óleo custa *muito* mais caro do que simplesmente colocar óleo novo a cada cinco mil quilômetros.

Ouvi meu marido dizer: "Eles compraram aquele carro e nunca fizeram manutenção. Eles apenas o colocavam para correr no chão". Do mesmo modo, seu corpo é seu veículo para levá-lo para onde você precisa ir na vida. Não apenas física, mas espiritualmente também. Não se recuse a fazer manutenção nem coloque seu corpo no chão (o túmulo) mais cedo que o tempo determinado por Deus. Algumas pessoas esperam até ficarem doentes para fazer a tentativa de restaurar seu corpo, mas é muito mais fácil — e mais barato também! — simplesmente se prevenir contra as doenças antes de qualquer coisa. Você não espera bater no carro que está à sua frente para comprar um conjunto de freios, e você também não deve esperar ter o primeiro derrame para começar a se exercitar. Usar o fio dental agora é melhor do que fazer uma cirurgia na gengiva mais tarde; uma agenda mais folgada agora é melhor que um ataque de nervos mais tarde; e eu sei que você prefere parar de comer três biscoitos recheados e duas barras de chocolate por dia do que ter de enfrentar o diabetes, as injeções de insulina e uma máquina de hemodiálise daqui a dez anos.

Como qualquer outro tipo de investimento, investir em si mesmo agora requer um pouco de seus recursos. Em termos financeiros, é necessário muito pouco. Uma boa alimentação pode ser cara, mas você descobrirá que ao seguir as orientações deste livro, e comer mais alimentos integrais e menos comida processada, você poderá, na verdade, economizar dinheiro. Beber mais água é gratuito, assim como caminhar ou a maioria das outras formas de exercício. Pelo fato de que muitas das recomendações deste livro envolvem *menos* alguma coisa — comer *menos fast-food*, beber *menos* refrigerante, fumar *menos* ou não fumar — você descobrirá que seguir o plano de Deus deixa você com mais dinheiro no bolso a cada semana.

O maior investimento que você precisa fazer é com relação ao tempo. Primeiro, você precisa comprometer algum tempo para aprender como os diferentes alimentos afetam sua saúde e sua energia, e como diferentes estilos de vida afetam seu nível de estresse e seu bem-estar mental. Não estamos falando aqui de um comprometimento enorme — mas do tempo necessário para você ler este livro. Meia hora diária de exercícios é meia-hora, é verdade, mas se isso representa uma tarde cheia de energia e muitas realizações, ela pode gerar tempo livre para você afinal. Uma hora a mais de sono só conta como tempo gasto se você considerar que se agarrar à sua xícara de café como se ela fosse um salva-vidas por uma hora todas as manhãs é um tempo bem aplicado.

Seja o que for que você faça para investir em si mesma agora, saiba que a recompensa será um grande sucesso mais à frente. Você estará evitando o tempo passado em hospitais ou esperando uma consulta médica. Você economizará o dinheiro que teria gasto com remédios, pílulas para dormir ou terapeutas. A boa saúde é barata. Ficar doente é caro.

É fácil "colocar um preço" nessas coisas. Mas é claro que o retorno desse investimento em si mesma não tem preço. É seu espírito. Todas as vezes que você se subestima, você oprime seu espírito. Todas as vezes que você se trata corretamente, seu espírito voa um pouco mais alto.

Ter uma Boa Aparência Não é Pecado

"Deus realmente se importa com minha aparência? Preciso ser magra?". Mais de uma pessoa fez essa pergunta a si mesma com alguma variação. A resposta é que naturalmente Deus não nos julga com base em nossa aparência, felizmente, Ele vê nosso coração. Mas Ele realmente quer que tenhamos a melhor aparência possível para Sua glória e honra. Nós o representamos e devemos viver sempre com excelência em todas as áreas da vida. Excelência significa simplesmente pegar o que você tem e fazer o máximo possível com isso. Deus realmente se importa com o que você sente interiormente e, no fim das contas, ter a melhor aparência possível é simplesmente o reflexo de um estado interior saudável, feliz e animado. Não estou falando de ter a aparência das modelos de capa de revista; você ficaria surpresa com a quantidade de correções e de retoques nessas revistas. Estou falando da aparência normal e saudável que faz com que as pessoas reajam positivamente a você e que a ajuda a se sentir o melhor possível consigo mesma.

> A beleza de vocês não deve estar nos enfeites exteriores, como cabelos trançados e joias de ouro ou roupas finas. Ao contrário,

esteja no ser interior que não perece, beleza demonstrada num espírito dócil e tranquilo, o que é de grande valor para Deus.

1 Pedro 3:3-4

O que Pedro quer dizer é que você não deve confundir a beleza exterior com o que é mais importante: um espírito dócil e tranquilo. Não seja vaidosa nem coloque toda a sua confiança em sua aparência. Mas Pedro também não está dizendo que a única maneira de ser virtuosa é vestir um saco marrom, parar de tomar banho e dar aos outros todos os seus bens! É verdade que algumas pessoas encontraram Deus ao renunciarem a todos os bens materiais, mas de um modo geral creio que é muito mais difícil encontrar *qualquer coisa* quando você está sofrendo as constantes distrações do desconforto, ou quando você está fazendo o máximo para ser tão pouco atraente quanto possível e é maltratada pelas pessoas por pensarem que você é uma fanática religiosa. Deus se importa mais com o fato de você andar com vestes de justiça. Mas a justiça acompanhada de uma roupa bonita nunca machucou ninguém. Se as pessoas virem que você respeita a si mesma, elas irão respeitá-la também.

Como tudo o mais na vida, é uma questão de equilíbrio. Mantenha uma visão geral em mente. Pergunte a si mesma: "Qual é a obra que Deus me colocou na terra para fazer?". E então decida qual é a dose de atenção que você deve dar à sua aparência e como você se sente para conseguir o máximo de energia, saúde e carisma que precisa para fazer esse trabalho com o maior sucesso possível.

Utilizando o Plano de 12 Chaves para Uma Saúde Perfeita

Roma não foi construída em um dia, e a autoestima também não. A saúde é um projeto em andamento. Mas assim como qualquer grande projeto, começa-se com um fundamento sólido e constrói-se a partir daí, e é exatamente isso que você vai fazer com este livro. Cada um dos próximos doze capítulos discute uma chave para se construir um estilo de vida que promove um espírito, uma alma e um corpo sadios. Sua tarefa é ler cada capítulo, decidir se precisa melhorar aquela área da vida ou não, e, caso precise, decidir como fazer isso.

Em cada capítulo, explicarei qual é a chave e porque ela é tão importante para o sucesso físico e espiritual. Eu lhe direi como ela me ajudou e como ajudou outras pessoas. Depois lhe darei cinco sugestões práticas e realistas para você incorporar essa mudança à sua vida. Não espero que você adote todas as cinco; na verdade, você não precisa adotar *nenhuma* se tiver uma ideia melhor. Cada capítulo termina com uma seção intitulada "Tomando uma Atitude", onde você pode anotar uma maneira — apenas uma — de como começar a colocar aquela chave em prática.

O que poderia ser mais simples? Por exemplo, para a "Chave 7: Alimente-se com Atenção", tudo que você precisa fazer é começar a agradecer antes de cada refeição. Ou parar de comer enquanto está fazendo outras coisas. Ou adotar uma maneira própria de estar realmente atenta ao que você está comendo. A taxa de sucesso para dietas complicadas ou para mudanças desafiadoras em seu estilo de vida é muito baixa. Eu prefiro que você escolha uma pequena coisa e realmente se comprometa a não abrir mão dela do que tentar fazer qualquer mudança e perder a esperança após algumas semanas. Além disso, é bem possível que você descubra que quando fizer uma mudança e perceber o quanto ela faz com que você se sinta melhor, você naturalmente vai querer fazer outras mais.

Mas não estou pedindo isso. Quero apenas que você escolha uma mudança de comportamento, anote-a — o que provavelmente fará com que você a leve a sério — e faça dela sua segunda natureza antes de passar para a chave seguinte. Na parte de trás deste livro, existe uma página para você acompanhar suas doze escolhas, para ajudá-la a se lembrar. Ao final, você terá adotado doze pequenas mudanças em seu estilo de vida. Isso é muito, se considerarmos como é difícil quebrar velhos hábitos. Se você realmente internalizar esses doze pequenos hábitos, você terá realmente mudado, de cima para baixo, por dentro e por fora.

Quanto Tempo Devo Dedicar a Cada Chave?

Cabe inteiramente a você decidir a quantidade de tempo a ser gasto em cada chave. O importante é que você invista o esforço necessário para vencer em cada uma delas. Não leia a "Chave 4: Exercite-se", e decida-se a caminhar por meia hora diariamente, faça isso por três dias, e depois deixe para lá para poder passar para a "Chave 5: Alimente-se de Forma Balanceada". Faça dessa caminhada de meia hora sua tarefa diária por tempo suficiente para que, quando você finalmente decidir começar a trabalhar na chave seguinte, você continue fazendo a caminhada automaticamente todos os dias.

Então, qual é a quantidade de tempo correta? Certamente trabalhar em uma nova chave por dia seria rápido demais. Uma nova chave por mês não é necessariamente devagar demais; isso significa que você está programando que no próximo ano estará comprometida com sua saúde física e espiritual, e lhe dá tempo suficiente para trabalhar em cada chave antes de levar em conta a seguinte. Sugiro que você leia todo o livro e depois volte e se dedique a uma chave de cada vez, aplicando a quantidade de esforço correta em cada uma delas antes de passar para a outra.

Para a maioria das pessoas, duas a quatro semanas por chave é mais ou menos o tempo necessário. Tudo depende da sua rapidez em se adaptar às mudanças, e à sua ansiedade por embarcar em sua nova vida. Seja sincera consigo mesma e você saberá o que é melhor para você. Eu prefiro levar mais tempo e alcançar o sucesso no fim, do que correr de uma chave para outra e dentro de alguns meses não estar executando nenhuma delas.

Por Que Doze?

Doze é um número sagrado, um símbolo de plenitude. Pense nos doze meses do ano, nas doze horas do dia e nas doze horas da noite. Há as doze tribos de Israel. E, é claro, havia doze apóstolos.

As doze chaves representam a plenitude da vida. Concentrando-se em cada uma delas, você garante o equilíbrio. Não haverá nenhum ponto em sua vida em que a enfermidade — física ou de outra natureza — tenha permissão para prosperar. Tudo que é necessário para *parecer maravilhosa e se sentir maravilhosa* é encontrar um pouco de tempo para fazer amizade com cada uma dessas condições.

Cada uma das doze chaves tem um foco específico, mas todas elas se sobrepõem. Assim como as várias partes de sua vida e de seu corpo, elas estão interligadas e reforçam uma à outra. Por exemplo, exercitar-se mais (Chave 4) é uma das melhores formas de reduzir o estresse (Chave 9). Reduzir o estresse ajudará você a conter sua fome espiritual (Chave 8), que é essencial para desenvolver um relacionamento saudável com seu corpo (Chave 2), que ajudará você a criar uma visão positiva do futuro (Chave 10). Os comportamentos saudáveis incentivam outros comportamentos saudáveis, de modo que você provavelmente descobrirá que à medida que prossegue, colocando cada chave em prática em sua vida, ficará cada vez mais fácil, porque você já tem muitos pontos de apoio no devido lugar. Finalmente, você construirá uma cúpula de vitalidade incrível, que parece flutuar sem qualquer esforço sobre suas doze colunas de sustentação.

Como Começar

Você não precisa adotar essas chaves na ordem relacionada, mas provavelmente essa será uma boa ideia. Elas são construídas umas sobre as outras, e as primeiras (relacionamento correto com Deus, boa autoestima e imagem corporal saudável, e metabolismo forte) fornecem o fundamento para as demais.

Como mencionei anteriormente, é muito importante que você leia todas as chaves antes de começar. Você vai querer pensar nos objetivos futuros e em dar pequenos passos para alcançar passos maiores antes de começar. Isso ajuda a manter o panorama geral bem definido.

Entendeu? Agora siga em frente! Dê seu primeiro passo em direção a uma nova você!

Pareça
Maravilhosa
Sinta-se
Maravilhosa

CHAVE 1

Deixe que Deus Faça o Trabalho Pesado

∞

Se você citar o nome de uma dieta que foi inventada nos últimos quarenta anos, é bem possível que eu a tenha experimentado. Tentei dietas de baixas calorias, de baixos carboidratos e de baixo nível de gordura. Tentei dietas de líquidos, dietas de ovos cozidos, dietas de banana e leite e a dieta da uva. Algumas delas até funcionaram no começo. Você conhece a rotina: você adota uma nova dieta e fica maravilhada ao ver o quanto essa dieta é empolgante. Ela vai mudar sua vida! Você conta para todos as suas amigas sobre ela! Sua empolgação faz com que você atravesse as primeiras duas semanas e você perde alguns quilos. Talvez você realmente esteja comprometida, então aguenta alguns meses e perde cinco ou dez quilos. Mas depois você acha realmente inconveniente continuar com a dieta. Você come fora, ou come com amigos, e nenhuma de suas opções se encaixa na dieta, então você faz uma exceção. Depois, sua agenda está tão lotada que você precisa comer alguma coisa depressa. Então, os alimentos permitidos pela dieta acabam lhe parecendo realmente chatos, e você começa a desejar um pouco de variedade.

Em breve, a dieta se foi. Lenta, mas certamente, você ganha o peso que tinha antes e, às vezes, mais. Passei por isso várias vezes. Talvez você também tenha passado. Achamos que a culpa é nossa. Se não fôssemos tão fracas, se tivéssemos mais força de vontade, estaríamos incrivelmente magras e saudáveis. Quer o objetivo em questão seja uma dieta para perda de peso, uma rotina de exercícios, uma mudança no modo como tratamos as outras pessoas, ou qualquer outra missão de aperfeiçoamento próprio, o fracasso faz com que nos voltemos para nós mesmas. Logo estaremos nos enlameando em um poço de autocomiseração e repugnância.

Criticamos a nós mesmas por nossa pouca força de vontade, mas e se não entendermos completamente o princípio da força de vontade? E se existir algo que estamos deixando de fora e que precise existir antes que a força de vontade possa ser eficaz?

A Verdade Sobre a Força de Vontade

Você conhece a força de vontade. É aquilo que faz com que dispensemos o *sundae* de chocolate que está a nossa frente, embora cada célula de nosso corpo esteja gritando para mergulharmos nele. A força de vontade é aquilo que os Diretores Executivos e os atletas profissionais dizem que usam para derrotar a concorrência. É a força de vontade que faz você se levantar e correr todas as manhãs.

A força de vontade certamente parece algo maravilhoso. Somos levadas a acreditar que temos bastante dela para combatermos cada

Deixe que Deus Faça o Trabalho Pesado

tentação que surgir em nosso caminho. E às vezes temos. Mas deixe-me contar a você um pequeno segredo sobre a força de vontade. A força de vontade é sua melhor amiga quando as coisas vão bem, mas ela é a primeira a lhe dar as costas quando você fica cansada. A força de vontade aparece no sábado de uma manhã chuvosa com temperatura de cinco graus e diz: "Vou ficar em casa hoje!". O problema é que a força de vontade está intimamente associada à razão, e a razão está sempre aberta para racionalizar e para ser convencida a não fazer alguma coisa. "Você está certa", diz ela, "o tempo está feio demais para correr. Você pode dobrar a corrida amanhã". Ou: "É claro, coma aquele último pedaço de torta agora para não ter de colocar o prato de volta na geladeira, e depois você janta bem pouquinho à noite. Faz sentido!". A razão está sempre disposta a se arriscar na ladeira escorregadia que leva ao fracasso.

Descobri que se realmente não quero fazer alguma coisa, minha mente me dá várias razões pelas quais eu não tenho de fazer aquilo. Minhas emoções se juntam a ela, dizendo: "Concordo, porque não estou com vontade de fazer isso mesmo". Nossa alma (mente, vontade e emoções) adoraria governar nossa vida, mas a Bíblia diz que devemos ser guiados pelo Espírito de Deus. Nunca somos instruídos a sermos dirigidos pela força de vontade, mas nos é dito para sermos guiados pelo Espírito.

A força de vontade e a disciplina são importantes e vitalmente necessárias para uma vida de sucesso, mas a força de vontade sozinha não basta. A determinação faz você começar e a mantém seguindo em frente por algum tempo, mas ela nunca é o bastante para levá-la a cruzar a reta final.

"Não por força nem por violência, mas pelo meu Espírito", diz o Senhor dos Exércitos.

Zacarias 4:6

Ora, o que acontece se, em vez de se voltar primeiramente para a força de vontade no momento de necessidade, você se voltar para Deus? Deus libera Seu poder em sua força de vontade e lhe dá energia para levá-la a cruzar a linha de chegada. A força de vontade não leva o crédito por nosso sucesso, mas Deus sim. Jesus disse em João 15:5: "Sem mim nada podeis fazer". Essa é uma das lições mais importantes e mais difíceis que precisamos aprender se quisermos desfrutar a vida que Jesus morreu para nos dar. Quando procuramos qualquer coisa ou a qualquer pessoa antes de Deus, Ele é insultado e é obrigado a deixar que fracassemos para que entendamos que "Se não for o Senhor o construtor da casa, será inútil trabalhar na construção" (Salmo 127:1).

Precisamos aprender a deixar que Deus levante os pesos pesados, a deixar que Ele forneça a capacidade de trazer energia às nossas escolhas. Podemos optar por nos exercitar ou por pararmos de comer em excesso, mas apenas escolher não é o suficiente para termos a vitória completa. Como eu disse anteriormente, a força de vontade e a determinação nos levarão a começar, mas elas têm a fama de nos abandonar no meio do caminho e de nos deixar naufragar. Deus, porém, nunca desiste no meio.

Há algumas pessoas no mundo que afirmam ter vencido por esforço próprio, mas se acompanharmos sua vida até o fim, veremos que elas costumam acabar desmoronando. Deus não nos criou para funcionarmos bem sem Ele, e quanto mais cedo aprendermos isso, melhor será para nós.

Comece pedindo a Deus para se envolver, para levantar os pesos pesados. Continue com Deus e termine com Deus. O que devemos fazer quando os fardos da vida parecem pesados demais? Jesus disse: "Vinde a mim".

> "Venham a mim, todos os que estão cansados e sobrecarregados, e eu lhes darei descanso".
>
> Mateus 11:28

Quebrando as Amarras

Quer sua fraqueza seja o excesso de comida, o vício em alguma substância, ou simplesmente os padrões desgastados de uma manutenção pessoal deficiente, você está cativa e é incapaz de levar a vida que Deus pretende que você viva até que tudo isso seja tratado. Deus tem um plano maravilhoso para você, mas isso requer que você aprenda o poder que possui, como Sua filha, e comece a exercê-lo. Você pode quebrar os velhos padrões destrutivos e começar a viver a nova e empolgante vida de liberdade que Deus tem para você. Essa é uma tremenda responsabilidade, e algumas pessoas a temem. A liberdade é nosso estado natural, mas se não soubermos o que é liberdade por muito tempo, ela pode ser assustadora. Podemos, em vez disso, preferir a facilidade de nossas amarras tão familiares. Um prisioneiro que se sente seguro em sua cela pode ficar nela, mesmo que escancaremos a porta para sua liberdade. A cela da prisão pode ser suja e limitante, mas isso não importa para ele, porque está acostumado com ela, e não quer se aventurar no desconhecido. Os limites de seu confinamento são a única vida que ele conhece.

Assim como aquele prisioneiro, algumas pessoas prefeririam suportar as torturas familiares das dietas, da energia baixa, da dieta pobre, do abuso de si mesmas e da exaustão, a provarem a liberdade, porque para serem livres, elas precisam aprender a fazer as coisas de uma forma completamente diferente. A mudança é difícil para muitas pessoas. Descobri que só uma coisa é mais assustadora que a mudança: o pensamento de que nunca vamos mudar. A mudança genuína e permanente com relação à verdade sobre por que não estamos cuidando de nós mesmas pode exigir um autoexame profundo, e nem todos estão dispostos a fazer isso. Só a verdade nos liberta (João 8:32), mas a verdade nem sempre é fácil de encarar. De fato, encarar a verdade sobre nós mesmas é uma das coisas mais corajosas que podemos fazer.

Quantas prisões impostas por nós mesmas confundimos com refúgios? Muitas de nós trabalhamos por anos ou até por toda a vida sob o fardo de nossa escravidão, acreditando que ela está nos ajudando e nos perguntando por que nunca conseguimos vencer e seguir em frente. A dieta está nos ajudando a perder aqueles dez quilos, mesmo que sempre escorreguemos e comecemos de novo. Podemos ter algum sucesso temporário utilizando nossos antigos métodos, mas o que realmente desejamos é a liberdade permanente. É muito melhor ser livre do excesso de comida do que viver uma vida inteira de regime, perdendo dez quilos, ganhando-os de volta, e passando pelo mesmo ciclo novamente.

Quando você está desanimada com o estado de sua vida ou de seu corpo, ou está lutando pela milésima vez para perder peso, esse primeiro passo parece o mais difícil de todos. O fardo de querer melhorar e a imensidão da jornada a sua frente parecem insuportáveis. Uma dieta de curto prazo pode parecer mais fácil que uma mudança por toda a vida, mas ela nunca gera liberdade. Alívio temporário não é liberdade! Quero que você seja livre!

Examinar a si mesma, encarar a verdade, e fazer as mudanças necessárias será insuportável, enquanto você tentar "suportar" tudo sozinha. As amarras são fortes demais, e os poderes impostos contra você são enormes. Só Deus é forte o bastante para levantar esse peso. Se você entregar as coisas a Deus, a fonte de força divina, você finalmente encontrará o poder que precisa para se libertar. Extraia do poder ilimitado do Espírito Santo, em vez de extrair de seu poder limitado. Ele sempre o levará à vitória e à liberdade.

> Mas aqueles que esperam no Senhor renovam as suas forças. Voam alto como águias; correm e não ficam exaustos, andam e não se cansam.
>
> Isaías 40:31

A Ciência Está Começando a Chegar lá

Você não tem de acreditar em minha palavra quando falo na capacidade de Deus ajudá-la a vencer. Até a ciência finalmente está começando a aceitar o fato de que a fé funciona. Isso é provado em um estudo após o outro. Monitorando as reações fisiológicas das pessoas, os cientistas aprenderam que a meditação e a oração diminuem os batimentos cardíacos e a pressão sanguínea, e melhora o funcionamento do sistema imunológico.

Que tal deixar Deus ajudar você com seus objetivos? Bem, comparadas às pessoas que não frequentam a igreja, de acordo com estudos recentes, aquelas que frequentam a igreja semanalmente têm 39% mais êxito em parar de fumar. Elas fazem 54% mais exercícios que as pessoas que não frequentam e têm 131% menos probabilidade de ficarem deprimidas! (E lembre-se de que isso depois de fatores como o socioeconômico terem sido levados em consideração. A única diferença entre esses grupos é a quantidade de fé.)

Sabendo disso, talvez você não se surpreenda com a maior descoberta de todas: a expectativa de vida de uma pessoa que não frequenta a igreja é de setenta e cinco anos, ao passo que as pessoas que vão à igreja semanalmente vivem saudáveis oitenta e dois anos, e aquelas que estão envolvidas na igreja com mais frequência vivem ainda mais. Um grande estudo feito na Duke University sobre os idosos descobriu que aqueles que estavam envolvidos com oração ou com o estudo bíblico no lar tinham 47% menos probabilidade de morrer durante os seis anos de estudo que aqueles que não estavam.

Acredite se quiser, os cientistas não conseguem entender *por que* as pessoas que têm fé se saem melhor, são mais saudáveis e vivem mais que aquelas que não têm fé. Enquanto você e eu sorrimos e sacudimos a cabeça, eles correm atrás de teorias e estudos como ratos em um labirinto, sem ver o elefante no meio da sala. Eles continuam procurando respostas quando *A Resposta* está bem diante deles.

Chave 1

Cinco Maneiras de Confiar Seus Fardos a Deus

1. Peça

Você ficará impressionada com a enorme diferença que faz convidar Deus diretamente para entrar em sua vida a fim de ajudá-la a resolver seus problemas. É surpreendente como são poucas as pessoas que realmente tentam isso — até mesmo entre os cristãos! Você precisa dedicar tempo para aquietar a mente e abri-la diante de Deus. Peça a Ele para ser seu parceiro na restauração pessoal. Peça a Ele para perdoá-la por todos os anos em que você o ignorou e tentou fazer as coisas sem a ajuda dEle. Abra esse "espaço para Deus" em sua alma e sinta-o apressar-se para preenchê-lo com alegria.

Até as pessoas mais talentosas do mundo, e que têm enorme força de vontade, precisam dessa ajuda. Quando o arremessador do time de beisebol Boston Red Sox, Curt Schilling, acordou na manhã de sua estreia no campeonato mundial de 2004, seu tornozelo estava doendo tanto que ele teve certeza de que não seria capaz de lançar nenhuma bola. Então, disse Schilling, "fui ao Senhor pedir ajuda, porque eu sabia que não seria capaz de fazer aquilo por mim mesmo". Mal podendo andar, Schilling arremessou em um dos jogos mais brilhantes de sua vida.

2. Frequente a Igreja

Algumas pessoas conseguem manter relacionamentos muito especiais com o Senhor durante anos sem nenhum apoio. Essas pessoas são poucas e raras. A maioria de nós descobre que o impulso semanal de oração, ensino, comunhão e espaço sagrado que temos na igreja nos oferece um vínculo muito mais forte. Se você está se esforçando para encontrar formas de entrar em contato com Deus, e não tentou a igreja ainda, o que você está esperando?

3. Frequente um Grupo de Apoio

Os grupos de apoio existem para auxiliar pessoas com uma série de problemas, desde o álcool ao vício em drogas e ao excesso de comida. Eles podem ajudá-la a admitir que você é impotente diante do que a prende, e encorajá-la a entregar sua restauração a Deus. Se você trabalha melhor quando pode compartilhar sua dificuldade com outros que estão passando pela mesma coisa, então eu a encorajo a procurar um desses grupos. Até um grupo de amigos confiáveis que se encontram uma vez por semana para tomar um café pode ser um grande estímulo. Algumas pessoas têm maior probabilidade de se exercitarem se forem a uma aula e fizerem isso com os outros. Se você precisa de apoio, não tenha medo de pedir.

4. Comece Cada Dia com Uma Afirmação

A primeira coisa que você deve fazer ao acordar pela manhã, antes que toda a loucura do dia venha em cima de você, é tirar um instante para renovar seus votos com Deus e para refrigerar seu espírito com a força Dele. Você pode escrever uma afirmação que diga respeito as suas necessidades específicas, ou pode usar esta que escrevi:

"Deus, sou livre pelo poder da Tua Palavra. Creio que Tu me deste força para me libertar das amarras que têm me impedido de alcançar todas as coisas lindas que Tu planejaste para mim. Eu Te agradeço porque sou livre pelo sangue de Jesus e pelo sacrifício que Ele fez na cruz do calvário. Agradeço por me tornar livre pela verdade da Tua Palavra e por me outorgar poder por meio do Teu poder, da Tua força e da Tua sabedoria. Ajuda-me a ser tudo o que Tu queres que eu seja. Em nome de Jesus, amém".

5. Ore nos Momentos de Dúvida

Não importa quem você é, haverá momentos em que sua determinação enfraquecerá, e você será dolorosamente tentada a deixar de lado alguma atitude que é uma de suas chaves para ter saúde por toda a vida. Quando você sentir isso, não desista, mas também não avance cegamente forçando-se a essa atividade. Dê um passo atrás, tire um instante, e clame a Deus para que Ele venha até você e a leve até o fim. Renove suas forças nesse momento de paz, e então prossiga com uma nova paixão e uma nova confiança.

• • •

TOME UMA ATITUDE

> "Sejam praticantes da palavra, e não apenas ouvintes, enganando-se a si mesmos".
>
> Tiago 1:22

Escolha pelo menos uma atitude que você pode tomar para ter uma caminhada mais íntima com Deus e para começar a deixar que Ele levante os pesos pesados. Anote-a, *comprometa-se com ela*, e comece hoje.

ATITUDE: _____

CHAVE 2

Aprenda a Amar Seu Corpo

E se em todo lugar aonde fosse, você se deparasse com alguém de quem não gosta? Isso não seria terrível? "Ah, não", você pensaria, "*ela* outra vez". Você vai a uma festa e tem de suportar a conversa e a opinião dela. Você vai à igreja e ela está sentada bem a seu lado. "É desagradável ter de passar tanto tempo com essa pessoa", você pensa. E então, as coisas pioram. Lá está ela na mesa de jantar com você! Ela está deitada junto à piscina, e até mesmo em sua cama! Ela está em todo lugar!

Isso parece terrível, mas é a mesma situação em que você está se não gosta de si mesma, porque você está em todo lugar em que você vai. Você não pode fugir de si mesma, nem por um segundo, portanto, está fadada a ter uma vida triste se detesta sua companhia.

Isso é bastante óbvio. Mas acredite se quiser, embora todos nós concordemos que não faz sentido viver a vida dessa maneira, vejo que a *maioria* das pessoas não gosta de si mesma. Elas podem nem mesmo perceber isso, mas uma autoanálise verdadeira revela o triste fato de que elas rejeitam a si mesmas e em alguns casos até se odeiam. Encontrei muitas pessoas ao longo dos anos, por intermédio de meu ministério e na vida diária, e fico impressionada ao ver que poucas pessoas estão realmente em paz consigo mesmas. Em vez disso, elas declararam guerra a si mesmas, e a razão, frequentemente, é o seu corpo.

Como é possível que tantas de nós odiemos nosso corpo, nosso servo fiel que só está aqui para nos ajudar a sermos tudo que Deus quer que sejamos enquanto estamos na Terra? Posso pensar em uma série de fatores, e com todos eles tenho pelo menos uma familiaridade momentânea.

1. *Abuso na infância*. Todos nós nascemos com uma atitude amorosa com relação ao corpo. Crianças pequenas apreciam seu corpo instintivamente. Elas nunca pensam na aparência do corpo delas até ficarem mais velhas. Mas essa compreensão natural de que o corpo é bom muda com as mensagens negativas ou com maus tratos. Sei disso por experiência. O abuso físico e emocional que sofri quando criança me disse em alto e bom som que meu corpo era mau e que eu não tinha valor algum. Quando as únicas experiências físicas que você tem são de dor e desconforto, você aprende a odiar seu corpo como a fonte desses sentimentos. Você gostaria que ele não existisse. Às vezes, você até deseja punir seu corpo pelas coisas más que "ele" fez a você. Pelo fato de ter sofrido abuso sexual, eu via meu corpo como a fonte de minha dor emocional. Eu não tinha muito excesso de peso, mas o suficiente para ser provocada pelos outros e para me sentir ainda pior com relação a meu corpo do que já me sentia.

Mesmo que você cresça e o abuso cesse, o desrespeito e o desgosto pelo corpo permanecem. E quando você não está vivendo em harmonia com seu corpo, todo tipo de situação negativa se desenvolve. Você não se exercita, porque isso representa uma aproximação muito grande com o corpo. (Ou você se exercita de forma doentia, como uma maneira de fazer o corpo afinar e fazê-lo desaparecer.) Você não quer sustentar seu corpo com uma boa alimentação, e isso pode acarretar distúrbios alimentares como anorexia (autoinanição) ou a bulimia (comer em excesso e vomitar).

Algumas mulheres que sofrem abuso sexual adquirem intencionalmente grande quantidade de peso a fim de se assegurarem de que os homens não as acharão atraentes. Elas não querem ser desejadas por seus corpos. Outras simplesmente não cuidam de si mesmas porque não acham que mereçam esse esforço. Os maus exemplos são outro problema. As pessoas que serviram com exemplo podem ter tido problemas internos que dificultaram que elas cuidassem da própria saúde, e você simplesmente está seguindo o modelo que foi colocado diante de você.

O abuso não precisa ser sexual ou físico para gerar esses problemas. As figuras de autoridade ou até mesmo os colegas são perfeitamente capazes de nos transmitir a mensagem de que somos maus ou inúteis e de que nosso corpo é feio e mau. Até que você confronte seus sentimentos e encontre paz, viverá em um estado constante de guerra consigo mesma, e experimentará o estresse, o trauma e o esgotamento que essa guerra produz. Deus quer que você viva em paz consigo mesma.

Qualquer pessoa que tenha uma raiz de vergonha com relação a quem é na vida será envenenada de dentro para fora. Essa raiz envenenada precisa ser substituída pelo amor e pela aceitação incondicionais de Deus. Precisamos aprender a amar a nós mesmas de forma equilibrada e a aceitar quem somos neste momento.

2. Compreensão errada dos ensinamentos bíblicos. É verdade que a Bíblia nos diz para resistirmos à carne e abraçarmos o espírito, mas isso não significa que devemos odiar a carne! A carne é fraca, o espírito é forte, de maneira que precisamos usar a força do espírito para guiar a carne amorosamente. Em vez disso, porém, muitas pessoas acreditam que tudo ficaria bem se não fosse essa carne terrível que as tenta e confunde. Elas culpam o corpo por interferir no desenvolvimento espiritual, e gostariam de se livrar dele. Elas se esquecem de que o corpo é o templo do Espírito Santo. As pessoas que estão no mundo não podem ver meu espírito. Tudo que elas veem é meu corpo, assim, se devo espalhar o amor de Deus, é melhor que eu use meu corpo para fazer isso! Minhas mãos precisam ser as mãos de Jesus; meus pés, os pés Dele; e minha boca, a boca de Jesus. Romanos 12:1 nos ensina a oferecermos todas as nossas capacidades como um sacrifício vivo para o uso de Deus. Não odeie seu corpo, mas use-o para glorificar a Deus!

3. Mensagens da mídia. Você se parece com as modelos que vê nas revistas e nos *outdoors*, ou com as atrizes de TV e do cinema? Se a resposta é não, nem eu! Elas são terrivelmente lindas, impossivelmente magras, e extremamente altas. O cabelo, os dentes e a pele são perfeitos. É impossível tentar competir com tudo isso. Mas fico feliz em dizer que cheguei a um ponto em minha vida em que não espero mais e nem desejo competir com elas. Aprendi que esse tipo de beleza muitas vezes se deve a ajuda de fontes externas. Para conseguir que as modelos tenham a aparência que têm nas capas de revistas, são utilizados muitos truques comuns à profissão. São necessários mecanismos como iluminação, maquiagem e retoques (inclusive por computador) para criar as ilusões que vemos todos os dias — ilusões de pessoas sem falhas que não têm nenhuma relação com a vida real. Há vinte e cinco anos, uma modelo pesava oito por cento menos que a mulher comum (e era um pouco mais alta).

Hoje, com 1,78 m de altura e 51 kg, uma modelo tem quinze centímetros a mais que a mulher comum, mas pesa vinte e cinco por cento menos. Não desperdice sua vida competindo com uma ilusão! Não viva a agonia das expectativas irreais!

Mesmo que saibamos dessas coisas em nossa mente, a mensagem traiçoeira de que devemos nos parecer com essas modelos e artistas, em vez de com as milhares de pessoas comuns que vemos todos os dias, continua entrando em nosso subconsciente. E se levarmos em consideração o abismo intransponível entre a aparência das modelos em comparação com nossa aparência, parece não ter nenhum sentido até mesmo tentar. Sentimos vontade de desistir. Por que fazer exercícios se nunca terei 1,78 m de altura e 54 kg? Tragam-me o sorvete! Você já percebeu que as personagens de TV acordam pela manhã todas maquiadas e com melhor aparência que a maioria de nós quando saímos à noite? Elas não são como a mulher de quem ouvi falar, cujo noivo nunca a havia visto sem maquiagem. Na manhã seguinte à noite de núpcias, ele acordou e ficou horrorizado ao encontrar o rosto dela sobre o travesseiro e uma pessoa bastante assustadora olhando para ele.

Tento ter uma aparência razoável quando saio, mas posso lhe garantir que não acordo como quem está "pronta para encarar as câmeras". Preciso me esforçar para isso e as outras pessoas precisam fazer o mesmo. A boa notícia é que estou disposta e fico satisfeita em pegar o que tenho e fazer o melhor possível com isso.

A mídia não está tentando fazer com que nos sintamos mal. Ela sabe que as pessoas se sentem atraídas pela beleza, e, assim, tentam vender seus produtos nos mostrando o máximo de beleza possível, mesmo que seja uma beleza falsa. O verdadeiro culpado que faz com que nos sintamos mal é o ego, aquela parte de nós que encontra sentido em ver como competimos com as outras pessoas. O ego é o oposto do espírito, porque ele não olha para o interior. Se tivermos uma casa maior, pernas mais bonitas ou filhos mais bem-sucedidos que os das pessoas que nos cercam, o ego sente-se muito bem. O ego gosta de saber que somos mais inteligentes que as outras pessoas. O problema do ego, porém, é que existe sempre alguém que é mais inteligente, mais rico, ou mais bonito que nós — principalmente quando nos comparamos não apenas com as pessoas de nossa vizinhança, mas com as que estão na TV também. Assim, o ego sempre pode encontrar alguma coisa para se sentir mal. O ego nunca se satisfaz.

Os ensinamentos de Cristo são os melhores que conheço para se aprender a ignorar o ego (a carne) e abraçar o espírito. Foram eles que fizeram isso por mim. Como diz a Palavra em 1 Coríntios 1:27-29:

> Mas Deus escolheu o que para o mundo é loucura para envergonhar os sábios, e escolheu o que para o mundo é fraqueza para envergonhar o que é forte. Ele escolheu o que para o mundo é insignificante, desprezado e o que nada é, para reduzir a nada o que é, a fim de que ninguém se vanglorie diante dele.

Deus escolhe o que o mundo joga fora por considerar inútil. Não existem casos sem esperança nem pessoas inúteis aos olhos de Deus. Cada um de nós é Sua criação especial, não somos um acidente e se dermos a Ele a oportunidade, Ele restaurará tudo que foi danificado e nos ajudará a sermos alguém que até mesmo nós teremos prazer em ser.

O ego floresce na competição e no esforço para estar em primeiro lugar, mas qual é o sentido da competição? O que ela lhe dá? Descontentamento. Ausência de alegria. Ela não pode lhe dar a única coisa que importa — a salvação eterna e a paz com Deus. Para conseguir isso, você precisa abandonar o ego e abraçar o espírito, e muitas vezes aqueles que têm maior facilidade em fazer isso não são os poderosos ou os ricos, mas os mansos. São eles que sabem que não são nada sem Deus e que não têm problemas com isso. Foram eles que Deus escolheu para operar. Em vez da competição, o espírito floresce na cooperação e no amor, porque o único verdadeiro objetivo é conhecer a Deus, e depois ajudar os outros, por meio do amor, a fazerem o mesmo.

Estou em paz com meu corpo. Eu o amo. Eu o sustento, e ele me sustenta. Não sinto nenhuma necessidade de me parecer com uma modelo. As modelos muitas vezes acham que a beleza delas é mais um fardo que uma bênção, porque elas precisam conviver com o medo constante de perdê-la. Tenho sessenta e três anos, e simplesmente espero que meu corpo reflita o que sou: uma mulher saudável e feliz de sessenta e três anos. Acredito firmemente em trabalharmos com o que temos e fazermos o máximo possível com isso. Tento ter a melhor aparência possível, mas não me permito ser pressionada por expectativas irrealistas.

4. A indústria da beleza. Se não gostarmos de nós mesmas, a indústria da beleza pode ser ainda mais perigosa para nós que a mídia. A mídia faz com que nos sintamos mal nos mostrando pessoas extraordinariamente lindas. A indústria da beleza — que inclui produtos para beleza, para perda de peso e produtos dietéticos — precisa fazer com que você sinta que não pode ser o que deveria ser sem os produtos deles. Embora alguns dos produtos sejam excelentes e possam nos ajudar, não podemos nos permitir sermos enganadas ao pensar que tudo que precisamos é de mais um creme, da dieta mais popular de hoje ou de uma pílula que promete que poderemos comer tudo que quisermos e ainda assim perder peso da noite para o dia enquanto dormimos. Não caia na armadilha de pensar que seguindo os conselhos da indústria da beleza você ficará linda.

A verdade é que você já é bonita aos olhos de Deus e se você se aceitar e seguir os princípios de Deus, melhorará sistematicamente sua aparência externa. Minha aparência é melhor hoje do que há vinte anos. Eu me preocupo menos e sou mais feliz; por isso, tenho uma aparência mais renovada.

Chave 2

Deus ama você. Ele quer que você receba Seu amor e aceite a si mesma. Cuide melhor de si mesma a partir de hoje. Se você tem um bom relacionamento com Deus e sabe seu valor, você não ficará desesperada pelo último creme, pílula ou programa de beleza.

Se você sente realmente que um programa ou um produto pode ajudá-la, então vá em frente, mas não experimente desesperadamente tudo que existe, apenas para passar por um fracasso após o outro, o que faz com que você se sinta pior consigo mesma do que quando começou.

E quanto à cirurgia estética? Ela está se tornando cada vez mais popular e até mesmo mais viável financeiramente. É certo ou errado? Se fizermos uma cirurgia, isso quer dizer que temos uma autoimagem negativa? Significa que somos vaidosas? Devemos ficar satisfeitas com nós mesmas assim como somos? Deixe-me começar dizendo que fiz alguns procedimentos em meu rosto e não o fiz por me sentir insegura. Meu trabalho de divulgação da Palavra de Deus exige que eu esteja na televisão. Para me sentir confiante ao fazer isso, preciso ter a melhor aparência possível. Orei a respeito disso por muito tempo e senti que Deus me deu a liberação para fazê-lo se eu realmente desejasse.

Não creio que as pessoas devam entrar em desequilíbrio e achar que a cirurgia estética pode resolver todos os problemas. Não importa quantos *liftings* de rosto ou lipoaspirações você faça, você ainda é você; se você não gosta de quem é, você não se sentirá nem um pouco melhor do que se sentia antes do procedimento. No entanto, não acho que seja errado fazer o que você puder para se ajudar. Se as pessoas têm dentes tortos, elas não hesitam em consertá-los. Conheço uma mulher que tinha enormes bolsas debaixo dos olhos e pálpebras extremamente caídas. Depois da cirurgia, ela parecia dez anos mais jovem; mais renovada e feliz. Recomendo que você ore a respeito de tudo e que não faça nada até saber se seus motivos são corretos e se você sente paz em fazer aquilo.

5. Idade e enfermidade. Você pode ter crescido em um ambiente amoroso e de muito apoio, estar confortável com sua aparência e ser imune aos encantos da indústria da beleza, e ainda assim não gostar de seu corpo à medida que envelhece. Conforme o tempo passa, o nível de atividade desacelera, o metabolismo também, você ganha alguns quilos, observa rangidos nas juntas, e de repente todo mundo parece mais jovem, mais rápido e mais magro que você. As coisas são ainda piores quando você tem um emprego e um estilo de vida que não estimula o exercício. Você começa ressentindo-se contra seu corpo e as limitações que ele carrega.

Se você não quer começar a odiar seu corpo, precisa permanecer ativa, o que discutirei na "Chave 4: Exercite-se", mas você também precisa desenvolver uma imagem realista de como você deve se sentir e da aparência que deve ter nessa fase da vida. Pessoas de cinquenta anos não devem tentar parecer pessoas de vinte anos, nem necessariamente esperar se sentir como elas. A idade realmente faz diferença. Posso dizer realmente que me sinto melhor agora do que há vinte anos, porque aprendi a cuidar de mim mesma, mas devo ser sincera e também dizer que não tenho o vigor que tinha há vinte anos.

Meu marido Dave é muito saudável. Ele fez exercícios durante a maior parte de sua vida, tem um coração forte, e se sente bem quase o tempo todo. Há três anos, ele ainda ia duas vezes por ano a uma excursão especial de golfe com seus amigos para jogar cinquenta e quatro partidas por dia durante quatro dias seguidos. Há dois anos, ele percebeu que demorava mais tempo para se recuperar dessas excursões e finalmente decidiu que, devido à idade, ele não devia mais jogar mais de trinta e seis partidas por dia durante os quatro dias. Dave tem sessenta e seis anos; jogar trinta e seis partidas de golfe por dia durante quatro dias no calor é fenomenal! Mas até ele não pode fazer tudo que podia fazer antigamente.

Eu costumava pesar 61 kg, e depois, em algum momento de meus cinquenta e tantos anos, ganhei três quilos e permaneci assim desde então. Meu metabolismo desacelerou e esses três quilos ficaram ali. Não é algo que me entusiasme, mas que aceito. Eu teria de me privar de muitas coisas com muito esforço para perder esses três quilos e para me manter livre deles. Meu corpo e minha saúde me parecem muito bem como estou, de modo que decidi que preferia viver com meus três quilos a nunca comer as coisas de que gosto. Devido à forma do meu corpo, costumo vestir tamanho 42 na parte de cima e 44 na parte de baixo. Sempre fui assim. Existem muitos conjuntos lindos que não posso usar porque eles não são vendidos em tamanhos separados. Eu poderia comprar dois conjuntos e usar o que preciso, mas então eu teria de encontrar alguém que vestisse 44 na parte de cima e 42 na parte de baixo, para não desperdiçar dinheiro! Essa situação costumava me deixar frustrada, até que decidi: "As coisas são como são!". Agora, costumo rir disso — e sorrir é um hábito muito importante quando se está envelhecendo.

Se seus pés são maiores do que você gostaria, ou seu corpo não tem proporções perfeitas, ou você é mais baixa do que gostaria de ser, não deixe nunca mais que isso a frustre. Decida-se agora mesmo: "As coisas são do jeito que são! Vou ser feliz com o que tenho e fazer o melhor possível com isso".

Esses são alguns dos principais fatores que fazem com que não gostemos de nosso corpo, e eles podem ser bem difíceis de serem ignorados. Mas isso não significa que estou livrando-a de uma fria! Nem por um segundo. É absolutamente essencial para sua saúde física e espiritual, em longo prazo, que você vença qualquer atitude não saudável que possa ter com relação ao corpo ou a si mesma. E se ainda não tem as ferramentas para fazer isso, você as terá quando terminar de ler este livro.

Nunca esqueça que Deus quer que você ame seu corpo e a si mesma. Ele espera isso, independentemente de quais mensagens o mundo lhe passou. Como a Bíblia diz, "Não se amoldem ao padrão deste mundo, mas transformem-se pela renovação da sua mente, para que sejam capazes de experimentar e comprovar a boa, agradável e perfeita vontade de Deus" (Romanos 12:2). Pense em si mesma de uma nova maneira. Decida-se a ser o melhor "você" que puder ser, e pare de tentar ser o que o mundo diz que você deve ser.

O mundo pode lhe dizer muitas coisas. Ele sussurra inverdades em seu ouvido, muitas das quais são cruéis. Ele também muda de opinião e de moda a cada mês. Se você começar a seguir a direção do mundo, estará perdida. Sua amizade consigo mesma estará perdida. Mas se, em vez disso, você se vir como Deus a vê, não apenas vai amar a si mesma, como terá a confiança e a fé para ser uma força poderosa para Deus neste mundo.

Cinco Maneiras de Promover o Amor por Si Mesma

1. Não Corra Atrás da Juventude

Como eu disse, aos sessenta e três anos sinto-me realmente ótima — o que mostra que coisas como energia, saúde e felicidade não precisam decair à medida que se envelhece — mas parte de meu contentamento têm origem no fato de que passei a estar confortável com a pessoa que sou. Tive êxito em ser eu mesma. Não fico me consumindo de desgosto ao lembrar meus vinte anos, em parte porque de qualquer maneira eu não gostava de meus vinte anos, e em parte porque, se eu tivesse gostado deles, isso não importaria! Aqui estou eu agora, e optei por viver o dia de hoje!

As pessoas que sentem saudades da juventude nunca estão contentes, porque todos os dias essa juventude fica um pouco mais distante. Não despreze o processo de envelhecimento, porque se você ficar viva, não poderá evitá-lo. É muito melhor apreciar quem você é agora e tentar viver e ter a aparência adequada para alguém como você. Algo que ajuda é ter modelos a seguir. Não pensamos nas pessoas de cinquenta ou sessenta anos como pessoas que precisam de modelos, mas elas precisam! Todo mundo precisa.

Pense em algumas das pessoas que você mais admira no mundo. Faça uma lista. Quantos artistas de vinte e poucos anos estão nessa lista? Não muitos, imagino. Então, por que você deveria se estressar tentando se parecer com eles? Você será muito mais feliz e disposta se seguir o exemplo das pessoas cujas vidas você realmente quer imitar. Billy Graham é um bom modelo para mim, e posso dizer sinceramente que nunca me preocupei com quanto ele pesa ou com quantas rugas ele tem. Admiro-o por seu espírito, seu comprometimento, suas realizações e sua dedicação a Deus no chamado de sua vida.

Celebre as diferenças! Tenho uma amiga que come tanto quanto eu e pesa 42 kg. Tenho outra amiga que come menos que eu e pesa mais. Todos nós somos diferentes. Idades diferentes, metabolismos diferentes, estruturas ósseas diferentes. Em vez de me ressentir por não ter a estrutura óssea de outra pessoa, tomei a decisão de apreciar o fato de que todos nós somos únicos, e que minha amiga pode comer como um cavalo e ficar magra como um graveto. Como seria maçante se todos se parecessem exatamente comigo!

Em algumas culturas, como na África e no Tibete, a velhice não é apavorante, ela é aguardada com expectativa. As pessoas esperam ansiosamente o momento em que todos os negócios da vida — escola, carreira, criação de filhos e coisas da casa — ficarão para trás, e elas poderão se concentrar no que é importante: crescer espiritualmente e desfrutar a vida e a família. O descontentamento é um dos grandes gigantes que precisamos vencer se esperamos desfrutar a vida plenamente. O descontentamento com a aparência, com a idade, com a posição, com os bens, e com qualquer outra coisa que nos faça ser ingratos pelo que temos no presente. Talvez não tenhamos tudo que gostaríamos de ter, mas certamente temos mais do que algumas pessoas. Independentemente do que você pensa sobre sua aparência, sempre existe alguém que adoraria se parecer com você. Não importa a idade, existe alguém mais velho que você que adoraria ser tão jovem quanto você. Anime-se e contente-se com o que tem. Ame a si mesma e ame sua vida; ela é a única que você tem!

2. Aprenda a Receber o Amor de Deus

Nada me frustra mais do que pessoas que não sabem aceitar presentes. É uma alegria expressar meu amor ou apreciação por alguém dando a essa pessoa um presente que sei que ela vai gostar. Mas se a resposta é: "Não, não, não posso aceitar isto", ou "Realmente, você não deveria", ou "Não, leve-o de volta", isso suga toda a alegria do ato. Torna-se absolutamente constrangedor ter de empurrar um presente a alguém. Você pode até se perguntar se deveria ter oferecido aquele presente.

Receber um presente com graça vem de nossa segurança interior. As pessoas que se sentem desconfortáveis quando recebem presentes geralmente têm alguma insegurança com raízes profundas que as impede de aceitar a bondade dos outros. Elas se sentem tão inferiores que não conseguem imaginar que merecem nada. Ou então se preocupam com o fato de que o presente as obrigue a retribuir. Elas preferem rejeitar o gesto a ter de entrar em um relacionamento.

Na vida e no trabalho, tenho oportunidade de dar muitos presentes, e também recebo alguns. Quando isso acontece, eu aprecio o fato sinceramente, e digo isso às pessoas. Seja uma presenteadora e espere que Deus a abençoe através de outras pessoas. Quando elas fizerem isso, diga "obrigada" e receba a oferta com graça.

O maior presente que pode ser dado é oferecido a cada um de nós todos os dias, mas poucos de nós temos a fé e a autoestima para aceitá-lo. Deus nos oferece Seu amor. Tudo que temos de fazer é abrir nosso coração e tomar a decisão de recebê-lo. Então nós, por nossa vez, devemos passá-lo a outros. Receber o amor de Deus é um passo importante porque não podemos amar as pessoas sem ele. Não podemos dar aquilo que não temos.

Receber é uma ação. Não é algo passivo. Você precisa tomar a decisão de estender a mão e segurar algo. Pense em um atacante recebendo um passe de bola no futebol. Ele não fica ali esperando o zagueiro colocar a bola no pé dele. Não, ele *quer* aquela bola. Ele vai atrás dela como um cachorro atrás do osso. Ele fará qualquer coisa para consegui-la.

É assim que você precisa receber o amor de Deus. Tenha paixão por ele. Vá em busca dele. Estude sobre o amor de Deus. Medite nele. À medida que você o buscar ansiosamente, você receberá uma revelação no fundo de seu coração que transformará sua vida.

Durante anos, desejei desesperadamente ser uma boa cristã, dar meu amor aos outros e que eles me amassem em troca para ajudar a preencher o vazio que eu sentia dentro de mim. Mas isso nunca funcionou. Eu não conseguia entender por que, e ficava frustrada comigo mesma e com os outros. Por que eu não conseguia andar em amor? Por que as pessoas não estavam me dando o amor que eu precisava? Então, finalmente entendi que eu nunca havia recebido o amor de Deus — eu nunca havia procurado recebê-lo. Eu nunca gostei de mim mesma; eu me sentia indigna de qualquer presente, e certamente achava que era indigna de um presente tão imenso quanto o amor de Deus! Fiz um compromisso com Deus, abri meu coração, e deixei Seu amor curador fluir para dentro de mim. Só assim fui capaz de amar a mim mesma, de andar em amor e de desfrutar Seu perfeito amor, de dar meu amor a outros e de sentir o amor deles voltar para mim multiplicado dez vezes mais.

3. Ponha o Foco na Jornada e não no Destino

Você conhece a rotina. Você enfia as crianças no carro para a longa viagem até à casa da vovó ou até outro estado, e aos cinco minutos de estrada começa a ouvir: "Já chegamos?". Lembro-me de quando era criança, quando parecia que demorava uma eternidade para chegar a algum lugar; eu ficava tão entusiasmada com o destino que as horas de viagem eram uma tortura. Quando me tornei adulta, continuei com a mesma atitude errada e passei muitos anos infeliz, sem nunca apreciar o presente, porque estava concentrada demais no amanhã. Finalmente aprendi que a vida tem a ver com a jornada e não com o destino, e então o percurso passou a ser muito mais divertido. O tempo não passa mais depressa se ficarmos frustrados com ele, então devemos aprender a "esperar bem".

Em sua jornada para parecer maravilhosa e se sentir maravilhosa, você também precisa apreciar o percurso. O que importa não é onde você está, ou o quanto seu destino está longe, mas a direção em que você está indo. Se você mora no Rio de Janeiro e está indo para Porto Alegre, você tem um longo caminho a percorrer, mas vai chegar lá, sem dúvida, desde que continue se dirigindo para o sul. Por outro lado, outra pessoa pode estar em Florianópolis, bem mais perto de Porto Alegre que você, mas se ela for para o norte, nunca chegará lá. Entusiasme-se por estar indo na direção certa. Até mesmo o fato de ler este livro é um passo na direção certa, portanto, vá em frente e se sinta bem com isso.

O importante não é quanto você pesa hoje, ou a velocidade que consegue correr, mas sim o fato de que você está melhorando. Se seu objetivo é perder vinte quilos e você perder um quilo na primeira semana, deveria ficar desanimada porque está dezenove quilos mais pesada do que gostaria de estar? Não. Você diz: "Aleluia, que semana maravilhosa!", e prossegue com seu plano.

Sinta orgulho do *hoje*. Não vá além disso. Não olhe o quanto falta para chegar lá, olhe o quanto você já percorreu. Como Jesus disse: "Portanto, não se preocupem com o amanhã, pois o amanhã trará as suas próprias preocupações. Basta a cada dia o seu próprio mal" (Mateus 6:34). Faça tudo que puder para tornar seu dia um sucesso, e quando ele for um sucesso, permita-se sentir uma profunda satisfação à noite.

Pense em seu sucesso e não em seus fracassos. Talvez você tenha comido um pouco demais hoje, mas a boa notícia é que você não comeu tanto quanto costumava comer antes de iniciar sua nova jornada em direção à saúde e à perfeição vitalícias. Talvez você tivesse a intenção de caminhar por trinta minutos, mas começou tarde e só conseguiu caminhar por vinte minutos. Não pense que você é um fracasso e que deveria ter feito melhor; lembre-se de quando você não se exercitava e fique feliz com seu progresso. Manter essa atitude positiva com relação ao seu progresso gerará mais progresso.

Deixe que seus dias sejam cheios de boas escolhas, alimentos saudáveis, muita atividade e bons pensamentos. Então seu corpo e sua alma serão saudáveis, virtuosos e estarão em boa forma. Não se concentre em seu corpo, concentre-se no dia. Tenha um bom dia, e o amanhã se tornará mais agradável, e o conduzirá a um dia ainda melhor. À medida que você apreciar a jornada, você logo descobrirá como é fácil amar e aceitar a si mesma.

4. Aprenda os Fatos

É possível que você esteja muito mais perto da média do que pensa. Eis algumas informações para ajudá-la a entender que nem todo mundo é magro de doer e tem três por cento de gordura corporal.

A mulher brasileira comum tem em média 1,61 m de altura e pesa 58 kg*. Ela usa tamanho 42. Ficou surpresa? Então bem-vinda ao clube da Imagem Distorcida. Sempre incentivo as pessoas a serem excelentes, e não a serem iguais à média. Mas olhar para a norma pode nos ajudar a perceber que nossa situação não é tão má quanto

---

*Fonte N.T: IBGE.

pensávamos. Parece que somos obcecados por peso, no entanto, a boa forma deveria ser mais importante para nós do que o peso. Existem muitas pessoas magras que estão em péssimas condições físicas, mentais, emocionais e espirituais. Se eu tivesse a opção de estar cinco quilos acima do peso, saudável e feliz; ou cinco quilos abaixo do peso, infeliz e sem saúde, eu escolheria os cinco quilos a mais. Já lhes disse que peso três quilos a mais do que costumava pesar e três quilos a mais do que gostaria, mas me recuso a ficar obcecada com isso. Você pode pensar que três quilos não vale nem a pena mencionar, mas a situação de cada pessoa é importante para ela. Se eu permitisse, meus três quilos poderiam me incomodar tanto quanto os vinte e cinco quilos a mais de outra pessoa.

Não estou sugerindo que podemos ficar acima do peso e simplesmente não nos importarmos. Mas estou sugerindo que estejamos mais preocupados com a saúde do que com o peso. Creio firmemente que se nos concentrarmos na boa saúde, finalmente teremos o peso certo para nós.

Um estudo feito no Cooper Institute for Aerobics Research, em Dallas, acompanhou 22 mil homens durante oito anos e descobriu que o risco de morte estava ligado à boa forma e não ao peso. Os homens que estavam em boa forma e levemente acima do peso não tinham maior probabilidade de morrer do que os homens com boa forma que tinham o peso normal, e os homens fora de forma com peso normal tinham o mesmo risco de morte que os homens fora de forma que estavam acima do peso. O motivo pelo qual temos andado confusos por anos a esse respeito é porque as pessoas que têm boa forma geralmente têm um peso normal, mas os benefícios — saúde, vida longa, alto grau de energia — decorrem da boa forma, e não do peso.

Vivemos em uma era em que ser magro está na moda, e na qual nossas atitudes para com a gordura chegam quase à histeria. Perca peso se você sentir que precisa, mas não deixe que ninguém lhe diga que seu peso não é saudável ou que é antinatural se isso não for verdade. E, absolutamente, não permita que uns poucos quilos a impeçam de amar e aceitar a si mesma.

Lembre-se, isso não é uma licença para ignorar seu peso, mas um convite para você evitar ficar obcecada por ele. Concentre-se em estar saudável e em ter boa forma porque isso diminui significativamente o risco de ter problemas de saúde que ameacem a vida, faz com que você se sinta maravilhosa, e reduz a probabilidade de surgir muitas doenças, como discutirei mais tarde.

Passei a maior parte de minha vida querendo ser magra e nunca me importando se eu era saudável ou não. Nesse processo, eu não era nem magra nem saudável. Desde que aprendi a me concentrar na saúde, meu peso se manteve dentro de alguns quilos em uma faixa normal.

Essa talvez seja uma nova maneira de pensar para você, mas sinceramente acredito que é importante para seu sucesso. Conheço uma mulher que passou a maior parte da vida adulta lutando contra o peso, e, recentemente, ela me disse que estava totalmente desgostosa por pensar nisso todos os dias. Ela disse: "Quero ser saudável e acredito que, se conseguir, vou pesar o que devo pesar". Que bom para ela; pois agora tem a mentalidade que finalmente a levará à vitória.

5. Encare Seu Corpo como um Amigo

Se seu corpo é maior do que você gostaria e apresenta dores das quais você está cansada, não o trate como um inimigo. Se fizer isso, provavelmente nunca verá progresso nas áreas onde gostaria de melhorar. Se você tivesse uma amiga que estivesse doente ou passando necessidade, faria tudo que fosse possível para ajudá-la. É exatamente essa a atitude que você deve ter com seu corpo. Se ele não é o que você quer que ele seja, faça tudo que puder para ajudá-lo; não o despreze nem lute contra ele.

Culpamos nosso corpo por muitas coisas pelas quais ele não é responsável. Afinal, nosso corpo é o produto do que colocamos nele e da forma como o tratamos por anos e anos. Eu não culparia meu automóvel por se desintegrar se eu colocasse cola no tanque em vez de gasolina. Talvez devêssemos pedir desculpas ao corpo por maltratá-lo. Sejam quais forem os problemas que tenhamos, a culpa é nossa, e não de nosso corpo. Fazemos escolhas erradas que só nós podemos reverter. Aceite seu corpo hoje como seu amigo e seu companheiro para toda a vida, e comece a desenvolver um relacionamento com ele que será recompensador.

• • •

TOME UMA ATITUDE

"Sejam praticantes da palavra, e não apenas ouvintes".
Tiago 1:22

Escolha pelo menos uma atitude que você pode tomar para alimentar o amor próprio. Anote-a, *comprometa-se com ela*, e comece hoje.

ATITUDE: _____

CHAVE 3

Domine o Metabolismo

O Segredo para um Peso Estável

Você já desejou possuir uma obra-prima, como uma pintura original de Van Gogh ou de Monet? Talvez você pense que nunca poderia pagar por uma arte dessas, mas a verdade é que você nasceu com uma. O corpo humano é a obra magistral de Deus. Parte do que o torna tão especial é sua impressionante versatilidade. Você foi feita para sobreviver em todo tipo de situação, que é o motivo pelo qual seu corpo é tão adaptável. Se você tomar muito sol, o corpo automaticamente cria pigmentação extra para protegê-la. Se você utilizar seus músculos todos os dias, seu corpo começa a tornar esses músculos maiores para ajudar você. Que sistema!

Uma forma pela qual seu corpo se adapta constantemente é por meio do *metabolismo*. Ouvimos esse termo o tempo todo. Se vemos uma mulher magra que é sempre cheia de energia, ou um homem que come como um cavalo, mas nunca ganha peso, dizemos que essa pessoa tem o metabolismo acelerado. As pessoas menos energéticas e que ganham peso com facilidade costumam dizer que devem ter o metabolismo lento. Mas o que realmente queremos dizer com metabolismo? E de que forma ele afeta a linha da cintura e o nível de energia?

O metabolismo é simplesmente o processo pelo qual o corpo decompõe, ou *metaboliza*, os alimentos e os converte em energia. Toda a nossa energia vem dos alimentos que ingerimos (apesar do que certas pílulas e suplementos possam afirmar). Literalmente queimamos os alimentos para nos enchermos de força, assim como o carro queima gasolina para ter força. Mas lembre, o corpo é uma obra magistral, muito mais sofisticada até mesmo que a melhor das Mercedes. Podemos queimar todo tipo de coisas para termos combustível, desde frango a batatas ou folhas de alface. E podemos queimar esse combustível em velocidades muito diferentes, desde extremamente rápido, dirigindo estrada abaixo em velocidade máxima; a muito lentamente, mal avançando alguns metros em primeira marcha.

Esse é o perigo. Quando você sente que seu metabolismo é preguiçoso, isso significa que você está rastejando, empacado em primeira marcha. Você não está queimando muita energia, o que significa que você não *tem* muita energia. Essa não é uma situação agradável — para o corpo ou para o cérebro. Você se sente deprimido, sem inspiração. Você mal pode acordar, enquanto os outros parecem passar por você voando.

Se você não está usando muita energia, mas ainda assim está "enchendo o tanque" com a mesma quantidade de comida diariamente, você está com problemas. Se você continuar colocando mais gasolina no carro do que costumava colocar, o excesso vai transbordar pela borda do tanque. Mas lembre, seu corpo é muito mais sofisticado que um carro. Ele tem um sistema incrivelmente flexível para armazenar tanto combustível quanto possível. Milhões de células especiais e flexíveis em todo o corpo incham com o combustível extra, economizando-o para mais tarde. É como se seu carro tivesse tanques de borracha infláveis em todo ele que pudessem se encher com uma quantidade ilimitada de gasolina.

É um sistema maravilhoso, certo? Bem, sim, mas talvez você não ache tão maravilhoso quando eu lhe disser o nome dessas células: células de gordura. A gordura é uma forma extremamente eficiente de armazenar energia para mais tarde. O corpo pode converter qualquer tipo de alimento em gordura, armazená-la, e depois convertê-la novamente em energia e usá-la quando necessário.

Não ponha a culpa no corpo. Estamos vivendo em um período muito raro da história, em que a comida é abundante e a maioria de nós (pelo menos no mundo desenvolvido) tem mais do que necessita. Mas até a invenção das técnicas modernas de agricultura, das fábricas e dos veículos para distribuição de alimentos, a fome era algo comum. Nossos ancestrais se preocupavam mais frequentemente com a fome do que com o excesso. Esse pode ser um dos motivos pelos quais, quando nos deparamos com uma pilha de costeletas que sobraram, temos o instinto natural de comer em excesso. É certo que não precisamos do combustível extra naquele instante, mas se comermos tanto quanto pudermos enquanto está diante de nós, e armazenarmos o que não usarmos como gordura, isso será muito útil da próxima vez que as colheitas falharem e tivermos de viver à custa daquela gordura por algum tempo. Milhões dos nossos ancestrais foram salvos da fome pela gordura que armazenavam em tempos de abundância.

O corpo tem outro truque de sobrevivência na manga. Ele não apenas armazena energia para os tempos de escassez no futuro, mas também tenta tomar cuidado com a velocidade com a qual ele utiliza esses recursos. Você provavelmente governa sua casa do mesmo modo. Se recebe uma promoção, você abre um pouco mais a bolsa. Talvez você acrescente algumas coisas ou saia para umas férias mais sofisticadas. Você sabe que vai entrar mais, então por que não gastar um pouco? Por outro lado, se você perde o emprego, você imediatamente corta as despesas para conseguir sobreviver por mais tempo quanto possível com suas economias. Você para de fazer novas compras, desliga um pouco o ar condicionado no verão e viaja menos. Seu corpo funciona do mesmo modo. Se ele não recebe muita comida (ou água), ele supõe que chegaram os tempos difíceis, e ele faz o que pode para que você sobreviva. Ele diz: "Opa, vamos desaceleraaaaaaaaaaaaaaaaaaaar um pouco até que chegue alguma comida". Ele apaga as luzes, desliga o ar condicionado e tenta viajar o menos possível.

Ele desacelera seu metabolismo.

E você sabe como se sente. Você não quer se mexer. O cérebro fica debilitado. Você sente frio o tempo todo. Não faz nada em excesso. Sente-se deprimida. E está queimando poucas calorias, o que é ótimo se você estiver perdida em uma ilha deserta, mas é terrível se você está tentando perder peso.

Por que Recuperamos os Quilos Perdidos com as Dietas

Agora você pode ver porque as dietas destroem o metabolismo. Qualquer dieta que tente gerar perda de peso cortando drasticamente o número de calorias que você ingere está condenada, porque ela se baseia na má compreensão de como o corpo humano funciona. Parece bastante lógico: coma menos, queime mais, perca peso. E sim, esse é o caminho para a perda de peso. A única maneira de perder peso é queimando mais calorias por dia do que consumimos. Quando isso acontece, o corpo liquida as reservas de gordura e as queima para gerar as calorias a mais. Você literalmente derrete a gordura para fora do corpo!

Mas, como expliquei, o instinto natural do corpo não é continuar renovando o metabolismo quando você ingere os alimentos. Pouco depois que você inicia uma dieta, ela vai desacelerar seu metabolismo para se adaptar à nova quantidade de alimentos que entram. Isso explica o clássico dilema das dietas que a maioria de nós já conhecemos.

Você faz uma dieta e tem um sucesso enorme nas primeiras semanas. Os quilos desaparecem e você acha que conseguiu. Mas então, embora você esteja continuando com a dieta (com dificuldade) e comendo como um passarinho, de repente a perda de peso é interrompida. Você perde alguns gramas em uma semana, depois um pouco mais na outra, e depois nada.

Vi isso acontecer com minha filha. Anos atrás, Laura queria perder peso, então programei para ela uma dieta de baixas calorias. Ela a seguiu ao pé da letra. Perdeu alguns quilos, e depois, mais nada! O metabolismo dela se ajustou à dieta. Eu sempre pensei que as pessoas que não perdiam peso com dietas deviam estar se enganando. Agora eu tinha a prova em minha frente de que esse não era o caso.

As dietas não oferecem apenas uma perda de peso limitada. Você também pode se sentir preguiçosa, deprimida e ter desejos de comer "comida de verdade". Logo você começará a comer sorrateiramente os alimentos proibidos e sair da dieta. E o peso retorna com a vingança! Você parece até ter ganhado mais gordura que antes.

Isso acontece porque o corpo fica feliz em acrescentar um quilo extra de gordura, mas detesta abrir mão dele; esses quilos entram com mais facilidade do que saem. E quando seu metabolismo é lento, e você não está fazendo muita coisa, você tende a perder músculos. Quanto mais você exercita um músculo, maior ele fica, e quanto menos você o utiliza, mais ele encolhe. O músculo tem uma aparência ótima; ele fica firme e se flexiona quando você se move, ao contrário da gordura, que tem a forma de um balão de água e que não faz nada quando você se mexe exceto tremer. O que é mais importante é que os músculos queimam calorias o tempo todo, mantendo-se prontos para a ação. Quanto mais músculos você tem, mais calorias você queima, *até quando está dormindo*. Esse é o metabolismo de descanso, e ele é diferente em cada pessoa.

Finalmente, se você continuar comendo regularmente, seu corpo acompanha e começa a aumentar o metabolismo. Mas seu corpo perdeu músculos, então ele usa a gordura para substituí-los. Você pode ter o mesmo peso de quando começou, mas sua aparência será pior — porque você substituiu musculatura firme por gordura — e você irá queimar menos calorias a cada dia, porque tem menos músculos e um metabolismo de descanso mais baixo. Então você achará mais difícil do que nunca manter o peso.

Por todos esses motivos, a dieta não é a única maneira de atingir ou de manter um peso saudável.

A boa notícia é que existem diversas coisas que você pode fazer para corrigir essa situação! A chave é manter uma dieta normal e balanceada e se envolver em atividades que mantenham seu metabolismo energizado. Faça isso e você irá gradualmente liberar qualquer excesso de peso, até atingir um peso saudável. Lembre, o objetivo não é apenas ficar magro, mas ser saudável e ter o peso certo para você.

Cinco Maneiras de Estimular o Metabolismo

1. Exercício

A maneira mais famosa de queimar mais calorias é se movimentando. Como explicarei no próximo capítulo, o exercício faz com que seu corpo gaste as reservas de gordura e envie essas moléculas para os músculos queimarem a fim de ter energia. Assim como seu corpo interpreta a dieta como uma redução de alimento e abaixa o metabolismo para ajudar, ele também supõe que se você se movimenta rapidamente todos os dias, você tem um bom motivo; ele deve ser crucial para sua sobrevivência. Portanto, ele eleva o metabolismo, constrói mais músculos, e lhe dá as enzimas que você precisa para queimar calorias com mais facilidade. Quanto mais regularmente você se exercitar, mais elevado você mantém seu metabolismo, e esses quilos serão queimados com menos esforço. Um benefício adicional do exercício é que você permanece alerta e feliz na maior parte do tempo.

2. Tome o Café da Manhã (e Almoce e Jante)

Cortar a sobremesa da sua dieta não vai deixar seu corpo em pânico por falta de alimento. Desde que você faça três refeições por dia, mesmo que as refeições sejam um pouco menores, seu corpo ficará satisfeito. Somente quando você pula uma refeição completamente é que seu corpo pensa: "Oh-oh, algo estranho está acontecendo!", e começa a fazer greve.

Todos nós ouvimos dizer que o café da manhã é a refeição mais importante do dia, e constatamos que isso é verdade. Pense nisto: você jejuou por aproximadamente doze horas. Seu metabolismo naturalmente desacelera durante a noite, de modo que o café da manhã é o sinal para seu corpo acionar o motor de arranque. Um bom café da manhã faz com que a máquina funcione novamente. *Toda* a máquina: digestão, capacidade mental, sentidos, força muscular... Pelo fato de um bom café da manhã tornar você muito mais ativa, ele realmente pode ajudá-la a perder peso. Pular essa refeição apenas a deixa em um estado de letargia; você se arrasta pela manhã, sem conseguir realizar muita coisa — e isso inclui a queima de calorias.

Eu costumava fazer isso o tempo todo. Durante anos, fiquei presa na armadilha de não comer até a metade da tarde. Passava aqueles dias tomando café, fumando cigarros e comendo furiosamente à noite. E eu me perguntava por que nunca perdia peso e me sentia mal o tempo todo! Meu metabolismo se arrastava durante o dia, e depois recebia uma grande carga de calorias à noite, quando eu não precisava delas.

Se você é uma dessas pessoas que ficam enjoadas quando pensam em café da manhã, não se sinta como se tivesse que se obrigar a comer uma refeição de três pratos; até um pouco de alguma coisa ajudará a fazer o motor começar a funcionar. Mas não alguma coisa qualquer. Os cereais açucarados que muitos de nós comemos no café da manhã são piores do que nada. Como explicarei em detalhes na Chave 5, "Alimente-se de Forma Balanceada", comer grandes quantidades de açúcar ou de amido deixa seu organismo de mau humor, deixa você sonolento, e leva a várias doenças. Certifique-se de comer alguma proteína no café da manhã; tente combinar isso com um pouco de gordura (que o mantém saciado por mais tempo) e frutas ou vegetais que são fontes de vitaminas e fibras. Eis algumas boas opções de café da manhã:

- Ovos de qualquer tipo
- Iogurte, frutas e nozes
- Manteiga de amendoim e torrada integral
- Carne magra (e não bacon gorduroso ou salsichas)
- Panquecas, *waffles* ou *muffins* integrais
- Cereais integrais com frutas
- Torradas integrais com queijo

Também não pule o almoço ou o jantar. O corpo da maioria das pessoas funciona melhor quando recebe quantidades regulares de alimento ao longo do dia. Mas em nossa cultura, temos a tendência de exceder a quantidade de alimentos ingeridos no jantar. Em geral, não queimamos muitas calorias após o jantar, de modo que um grande jantar faz pouca coisa a não ser se converter em gordura. Tente mudar a equação — tome um café da manhã substancial e faça do jantar a mais leve das três refeições — e veja se isso altera alguns outros números, como o peso e as medidas de sua cintura.

3. Beba Água

Sem água você não teria energia alguma, porque a água é responsável por levar os nutrientes da alimentação para os músculos e o cérebro através do sangue, que é composto principalmente de água. E, por falar nisso, você também. Todos nós temos cerca de dois terços de água, e usamos a água para fazer tudo: para levar os nutrientes às nossas células, nos resfriarmos, jogarmos fora os dejetos e fazer circular as células imunológicas pelo corpo. Sem água suficiente, todos esses sistemas começam a sofrer, inclusive o metabolismo. À medida que você começa a se desidratar, você fica preguiçosa, porque a água não está lá para transferir combustível para os músculos e o cérebro. Se você quer manter seu metabolismo em alto nível, é essencial beber água suficiente todos os dias. Em um estudo alemão, o metabolismo das pessoas subiu imediatamente em trinta por cento depois de beberem dois copos de água e permaneceu assim por uma hora. Isso representa muitas calorias queimadas! Para mais informações, leia o capítulo sobre a água (Chave 6). E siga esta regra fácil: "Se você pensa, beba".

4. Durma Bem

Algumas pessoas acreditam que chupar cana e assoviar ao mesmo tempo, ficar acordadas até altas horas e pular da cama às seis da manhã vai ajudá-las a emagrecer, porque elas estão queimando mais calorias durante o tempo extra em que estão acordadas. Nada está mais longe da verdade! O sono não é apenas "tempo ocioso". Sua consciência pode estar inativa, mas muitas outras partes do corpo estão trabalhando duro, fazendo uma manutenção vital. Seu cérebro descarrega o estresse do dia, seu corpo repara lesões e seu sangue reabastece os músculos com combustível para o dia seguinte. Pule esse estágio vital e você se arrastará pelo dia com menos energia, um metabolismo mais baixo e um desempenho negativo em tudo, desde provas a reflexos, até em sua capacidade de agir como um ser humano civilizado. Depois de dezoito horas de pé, a coordenação das pessoas, seus reflexos, sua capacidade de julgamento e as taxas de acidentes são tão negativas quanto no caso de motoristas embriagados.

As pessoas tendem a comer mais quando são privadas de sono porque elas se sentem mais frias e menos energéticas e confundem essas sensações com fome. Tenha uma noite decente de sono e você queimará mais calorias de um modo geral — e se sentirá muito melhor com a vida. Dicas para fechar os olhos:

- Reduza o estresse. Essa pode ser a causa número um da falta de sono.
- Exercite-se (mas não muito próximo da hora de dormir)
- Deixe sua casa silenciosa e com uma iluminação relaxante à noite.
- Não tome cafeína à noite.

5. Agite-se

Sim, agite-se. Uma pesquisa de ponta efetuada pela Mayo Clinic descobriu que uma das maiores diferenças entre as pessoas acima do peso e as pessoas magras pode ser a forma como elas se agitam. Em outras palavras, não são apenas os exercícios planejados, como as caminhadas ou a malhação, que fazem a diferença no peso, mas as centenas de pequenos movimentos que fazemos — ou não fazemos — durante o dia. Os pesquisadores da Mayo Clinic equiparam pessoas com roupas especiais contendo sensores que mediam cada caloria que elas queimavam ao se moverem. Eles descobriram que todos esses pequenos movimentos — levantar-se para olhar pela janela, coçar a cabeça e até mudar de lado no sofá enquanto assiste à TV — fazem uma diferença muito maior na queima de calorias do que qualquer pessoa pensava. As pessoas magras tendiam a queimar 350 calorias por dia a mais que as pessoas acima do peso. Isso perfaz um total de 15 quilos por ano!

No entanto, você já percebeu que não escrevi um livro intitulado "A dieta da agitação: a chave para perder quinze quilos por ano". Isso porque você não pode realmente mudar sua tendência interna de se agitar ou não. Algumas pessoas simplesmente se sentem melhor ficando mais tranquilas — realmente tranquilas — que outras. E essas pessoas queimam menos calorias por causa disso. As pessoas que têm dificuldade de ficarem paradas deixam as outras nervosas, mas elas queimam mais calorias que as sedentárias.

Mesmo que não consiga mudar suas tendências inconscientes, você pode mudar o ambiente que impede sua movimentação. Esse é um dos segredos mais fáceis e mais duradouros para perder peso: Não se permita viver de em um ambiente que o mantenha parado! Rebele-se contra a conveniência! Para ser sincera, creio que Satanás colocou um suplemento sobre nós. Ele tornou tudo tão fácil, confortável e conveniente que isso está nos matando. Pensamos que estamos economizando tempo e esforço, mas, na verdade, estamos perdendo força e energia. Trabalhar e ficar ativo não é ruim. Não tente evitar isso. Queremos ter serviços de *drive-thru* para todas as coisas possíveis na vida, mas o problema é que *não existe* drive-thru *para a saúde!* A partir de hoje, dê passos para tornar sua vida um pouco menos conveniente e um pouco mais "agitada" ou ativa.

Eis algumas ideias de como fazer isso:

- Use as escadas. Todas as vezes que você abre mão do elevador e sobe um andar, você queima calorias, tonifica alguns dos músculos que você mais deseja tonificar e também se desperta.
- Não perca tempo procurando a vaga de estacionamento mais próxima. Estacione de modo que você tenha de caminhar um pouco. Faça isso intencionalmente!
- Ande tanto quanto possível. Pense em maneiras como você pode caminhar um pouco a mais.
- Não procrastine (adie). Quando você pensar em um trabalho que precisa ser feito, levante-se e faça-o.
- Escolha atividades que a obriguem a se mexer. Tente jardinagem, varrer a calçada, fazer aulas de dança ou caminhar pelo shopping.
- Quando assistir à TV, levante-se e estique-se periodicamente. Faça o mesmo no trabalho.
- Tente colocar a TV diante de uma esteira e caminhe lentamente enquanto assiste a seu programa. Ande devagar o suficiente para não se distrair. Você se surpreenderá em ver com que rapidez isso lhe parecerá natural.
- Costumo deixar dois pesos de dois quilos no sofá de meu escritório. Várias vezes por dia, quando me lembro que eles estão ali, paro e faço uma pequena rotina para exercitar meu tronco. Leva apenas um minuto ou dois e relaxa os músculos contraídos. Experimente!

TOME UMA ATITUDE

"Sejam praticantes da Palavra, e não apenas ouvintes".
Tiago 1:22

Escolha pelo menos uma atitude que você pode tomar para estimular seu metabolismo. Anote-a, *comprometa-se com ela*, e comece hoje.

ATITUDE: _____

CHAVE 4

Exercite-se

Sempre que a palavra "exercício" é mencionada, as pessoas resmungam. Vou lhe contar um segredo: eu também resmungo! Então, não vamos cometer o erro que alguns livros e programas cometem e fingir que o exercício é sempre divertido ou conveniente, e que todos nós vamos nos divertir muito nos exercitando e não conseguiremos parar depois que começarmos. Esse certamente não foi o meu caso. Não gosto de fazer exercícios! Meu marido gosta, mas eu não. Acho andar em uma esteira uma das tarefas mais monótonas do mundo, e não estou disposta a reservar um tempo para frequentar uma academia. (Devíamos parar de dizer "Não tenho tempo...", porque a verdade é que sempre podemos arranjar tempo para as coisas que são importantes para nós. Se você tem tempo para duas ou três horas de televisão à noite, então você tem tempo para se exercitar, visitar uma amiga ou fazer outra coisa qualquer. Quando dizemos "Não tenho tempo para fazer isso", o que queremos dizer na verdade é: "Isso está em um dos últimos lugares em minha lista de prioridades". E vou ser direta: frequentar uma academia de ginástica está no fim de minha lista de prioridades).

Se você gosta de frequentar uma academia ou tem uma em casa, vá em frente, mas felizmente as academias não têm o monopólio do exercício. Existem milhares de maneiras de se fazer um bom exercício, e a maioria delas não custa muito dinheiro, não requer equipamento especial, nem atrapalha seu dia. Sei que se eu quiser que o exercício faça parte de minha vida, tem de ser alguma coisa que eu espere com ansiedade para fazer, e precisa ser algo fácil de se encaixar em meu dia. Adoro caminhar de três a quatro quilômetros quando o tempo está bom. Isso não apenas me dá a capacidade cardiovascular essencial para uma vida longa, como também é uma ótima ocasião para orar, ajuda a me sentir com mais energia mais tarde e reduz meu nível de estresse. Tenho uma rotina de exercícios de chão que faço todos os dias, e, em geral, tento garantir que eu me movimente muito. Eu não me chamaria de uma pessoa "agitada", mas percebo a importância de ter mobilidade. Também gosto de jogar golfe com meu marido. Isso permite que tenhamos algumas horas juntos em paz, longe do mundo. Acabo andando bastante e usando músculos que eu havia esquecido que tinha.

Além do exercício "tradicional", faça um esforço para manter seu corpo ativo em tantas pequenas formas quanto possível. Como discuti no capítulo anterior, essas pequeninas coisas somam grandes calorias! Ande até à casa de uma amiga em vez de dirigir. Use um cortador de grama de empurrar em vez de um elétrico. Se você trabalha em frente ao computador o dia inteiro, levante-se e faça intervalos regulares. Além dos pesos portáteis que deixo em meu sofá, também tenho uma daquelas enormes bolas de exercício, e de vez em quando saio de minha mesa e me estico sobre a bola por cinco minutos. Isso mantém o sangue circulando, relaxa minha coluna e me dá um intervalo no trabalho, que é tão importante.

Esses pequenos intervalos e "inconveniências" forçadas são necessários porque hoje em dia usamos muito pouco nosso corpo. Temos uma abundância de aparelhos que só exigem que apertemos um botão para fazê-los funcionar. Poucos de nós temos empregos que envolvem exercício, e na maioria de nossas atividades de lazer também ficamos com os pés para cima. Esse é um novo desenvolvimento, e é mortal. Os seres humanos foram feitos para se exercitar. Nosso corpo é ligado por juntas porque Deus esperava que nos movimentássemos muito.

É bem verdade que não ouvimos muito na Bíblia sobre a rotina de exercícios de Noé ou a sessão de Pilates de Moisés. Isso significa que as pessoas naquele tempo não faziam muito exercício? Ao contrário! Tudo que eles faziam na vida envolvia exercício. Antes dos veículos, da eletricidade e das máquinas, tudo no mundo funcionava por meio da força humana ou animal. Se quisesse chegar a algum lugar, você andava. Se precisasse levar alguma coisa, você a carregava. A roupa era lavada, a lenha cortada e os grãos moídos com as próprias mãos. Esse estilo de vida fisicamente ativo pode ter sido uma das razões para a incrível longevidade desses personagens bíblicos.

O maior adepto de caminhadas de todos deve ter sido Jesus. Ele caminhava sistematicamente de Sua casa na Galileia até Jerusalém — uma distância de cerca de cento e noventa quilômetros! Durante o período de Seu ministério, Ele deve ter caminhado milhares de quilômetros. Na época de Jesus, as pessoas achavam pouco caminhar dezesseis quilômetros. E por fazerem isso durante toda a vida, elas tinham os corpos desenvolvidos para realizar essas caminhadas com facilidade. Quando estive em Moscou recentemente, percebi que a maioria das pessoas era magra. Quando perguntei por que, fui informada de que muitas pessoas não tinham automóveis e iam para todo lugar a pé.

Até a década de 1920, as pessoas nos vilarejos e nas cidades norte-americanas caminhavam em média aproximadamente três quilômetros na ida e na volta do trabalho ou da escola, além do exercício que faziam enquanto trabalhavam. Só essa caminhada queimava cerca de vinte calorias por dia, o que vale nove quilos por ano. Quando trocamos a caminhada diária pela conveniência de um carro, não percebemos que estávamos ganhando nove quilos nessa troca!

Mas a perda de peso é apenas a ponta do *iceberg*. Sim, o exercício regular vai ajudá-la a perder peso e a ter a melhor aparência possível, mas o exercício regular traz muitos benefícios para a saúde, que vão além da aparência. Ficar em forma para se exibir é como comprar uma geladeira nova porque você gosta da cor. Essa é uma boa razão, mas você pode passar a amar suas novas características, sua supereficiência, a garantia prolongada, e outras coisas mais. E você consegue tudo isso com o exercício. Fora o fato de não fumar, nada pode fazer tão bem à saúde. O exercício realmente é a pílula mágica! Veja apenas algumas das doenças que você pode ajudar a impedir por meio do exercício: doenças do coração, derrame, diabetes, câncer, mal de Alzheimer, artrite, asma, depressão e doenças gastrintestinais. Você terá menos resfriados, sentirá menos estresse e terá uma ótima aparência também. Menos gordura, mais músculos, melhor tônus, uma postura mais ereta.

Vamos tirar alguns minutos para explorar o que acontece quando seu tênis toca a calçada e seu coração começa a bater.

Mantenha o Fogo Ardendo

Você já se perguntou como seu corpo faz para se manter a 37 graus o tempo todo? Isso é muito mais quente do que o ar em geral. Seu corpo realiza essa tarefa mantendo seu fogo interno ardendo. Não há chama, mas todos os indícios de uma fogueira estão ali. Você precisa de combustível, que você consegue com os alimentos e o oxigênio que inspira através de seus pulmões; e você produz calor e energia. Mas diferentemente de uma fogueira, na qual toda a energia é gerada como calor e luz, no caso do corpo, um pouco de energia é usada para gerar calor, enquanto o restante destina-se a gerar força para todos os seus sistemas; músculos, sentidos, cérebro, coração, e daí por diante.

O combustível que confere força ao corpo é o açúcar. Um tipo especial de açúcar chamado glicose é o que os músculos e o cérebro utilizam para continuarem funcionando. Cada célula muscular do corpo faz o mesmo: ela pega uma molécula de glicose, a queima em uma explosão rápida, e usa a força dessa explosão para se contrair. Milhões dessas células musculares trabalhando juntas queimando glicose e se contraindo permitem que você levante o braço, corra ou pisque os olhos.

Seus músculos armazenam glicose diretamente na fibra muscular, para que ela esteja ali quando solicitada. Ao cair, você coloca as mãos na frente do rosto instantaneamente, de modo que seus braços imediatamente queimam a glicose e entram em ação. Mas os músculos não podem armazenar muita glicose; só o suficiente para algumas ações rápidas. Depois disso, eles precisam se reabastecer. O sinal é dado para seu corpo obter mais combustível.

Esse combustível é armazenado em todo o corpo em forma de gordura. Uma molécula de gordura contém muito mais energia que uma molécula de glicose, de modo que ela é uma maneira melhor de armazenar a energia dos alimentos. Assim que seus músculos usam seu suprimento de glicose e exigem mais, o corpo começa a decompor a gordura em glicose e a envia através da corrente sanguínea aos músculos que precisam dela.

O processo de decompor a gordura exige oxigênio. É fácil perceber quando seus músculos utilizaram a própria glicose e estão retirando mais combustível da gordura: você começa a respirar com mais força, porque precisa do oxigênio. Isso geralmente acontece depois de um a dois minutos de alguma atividade aeróbica. (Aeróbica significa que utiliza oxigênio. Exercícios aeróbicos são aqueles que envolvem atividade prolongada, como caminhar, correr ou andar de bicicleta, mas não rompantes rápidos como chutar uma bola de futebol ou levantar um peso.) Todas as vezes que você sentir que está respirando mais forte durante um exercício, pode se parabenizar; significa que você literalmente está queimando gordura.

Mas se você se exercitar tanto a ponto de ficar arfando em busca de ar, o fato é que seu corpo não consegue atender a essa demanda por oxigênio. Sem o oxigênio, ele não faz um trabalho muito bom de queimar completamente a gordura e deixa um resíduo ruim chamado ácido lático. Assim como a sensação dolorosa do ácido em um ferimento, o ácido lático em seu músculo não é agradável — é aquela sensação dolorida que você tem um dia depois de trabalhar demais a musculatura. É melhor diminuir o ritmo para respirar com força, mas sem arfar.

Uma boa maneira de retratar isso é pensando em uma churrasqueira a carvão. O fluido para acendê-la é como a glicose que queima imediatamente, mas não dura muito; depois de um minuto mais ou menos, ela se extingue e você precisa dos pedaços de carvão (gordura) que podem queimar por horas. E se você cortar o suprimento de ar da churrasqueira, o fogo baixo do carvão deixa um resíduo não queimado (ácido lático).

O Coração do Problema

Como você pode ver, a energia para o exercício depende de se obter oxigênio suficiente e combustível para seus músculos, e essas duas coisas são conseguidas através da corrente sanguínea. O sangue é sua rede de transporte, e o coração dirige essa rede. À medida que sua demanda por combustível e ar aumenta, o coração bate cada vez mais rápido, bombeando o sangue em sua importante rota de entrega. As artérias que alimentam os músculos em exercício também se dilatam, a fim de poderem levar mais sangue para onde é necessário. Exercite-se uma vez, e todo o seu organismo voltará ao normal quando você parar. Exercite-se regularmente por algumas semanas, e as coisas começarão a mudar. Lembre que Deus lhe deu um corpo dotado de incrível adaptabilidade. Ele se molda a seu estilo de vida, para facilitar que você possa realizar aquilo em que está trabalhando. À medida que os músculos se acostumam, eles ficam maiores e mais fortes — inclusive o coração. Um coração mais forte bombeia mais sangue com menos estresse. As artérias também ficam mais fortes com o exercício. As paredes das artérias têm uma camada de musculatura lisa que as dilata e as contrai conforme necessário. É assim que o corpo se ajusta à quantidade de sangue que vai para uma área específica. Se você corre, as artérias que vão para as pernas se dilatam de modo que mais sangue flua para os músculos das pernas. Você não controla esses músculos arteriais, assim como não controla o coração, mas eles certamente trabalham quando você se exercita. A dilatação regular mantém as paredes das artérias suaves e flexíveis, de modo que elas possam se dilatar bastante quando necessário e tenham menor probabilidade de desenvolver placas e bloqueios perigosos de colesterol. As artérias que vão para os músculos que não estão sendo utilizados se contraem, a fim de evitar o desperdício de sangue onde não é necessário.

Agora você entende por que um exercício regular tão simples como caminhar alguns quilômetros em alguns dias pode diminuir, *pela metade,* o risco de um ataque cardíaco ou de um derrame. O ataque cardíaco acontece quando o colesterol forma placas nas paredes das artérias e finalmente bloqueia o fluxo do sangue até o coração. O derrame é a mesma ocorrência em uma artéria que vai para o cérebro. A melhor maneira de prevenir essas e outras formas de doenças cardiovasculares é o exercício constante e moderado que mantém as artérias abertas e limpas e o coração grande e forte.

A Epidemia de Diabetes

Agora que você sabe como o sistema cardiovascular funciona, você verá por que o diabetes é ainda mais fácil de se prevenir que as doenças do coração, por meio de dieta e exercícios. Isso é bom porque o diabetes está fora de controle nos Estados Unidos e em muitos países do mundo. Um número impressionante de vinte milhões de norte-americanos têm diabetes, e mais de quarenta milhões são pré-diabéticos, o que significa que eles possuem todas as condições de desenvolver a doença se não fizerem rapidamente mudanças em seu estilo de vida.

O diabetes é uma doença ligada ao açúcar. Ela é causada pelos altos níveis de glicose no sangue, resultado de uma dieta rica em gordura, açúcares e amido, juntamente com um estilo de vida sedentário. Você poderia pensar que o aumento de glicose no sangue é algo bom — mais energia! —, mas manter os níveis de glicose elevados por muito tempo gera muitos problemas. Sabe quando as coberturas açucaradas ficam doces e pegajosas? Bem, quando o sangue tem glicose demais, ele fica pegajoso também. Então, ele tem maior probabilidade de danificar as paredes das artérias e formar coágulos que causam as doenças cardiovasculares. A maioria dos diabéticos, por fim, morrerá de doença cardíaca ou derrame. Eles também têm maior probabilidade de sofrer do mal de Alzheimer (altos níveis de glicose no cérebro causam perda de memória e demência), falência dos rins e cegueira.

Parece que os músculos poderiam absorver toda glicose extra contida no sangue — e eles tentam, mas só podem receber certa quantidade. A insulina é o fator. Ela é um hormônio produzido pelo pâncreas que age como uma chave, fazendo com que as células do músculo se abram e absorvam uma quantidade de glicose. Quanto maior a quantidade de glicose no sangue, mais insulina o pâncreas produz, e toda essa insulina se movimenta, tentando desesperadamente fazer com que os músculos recebam cada vez mais glicose. Mas finalmente eles ficam cheios demais e resistem. Isso se chama "resistência à insulina".

Quando os músculos resistem, toda aquela glicose é deixada no sangue. Então o corpo a converte em gordura e a comprime desesperadamente dentro das células de gordura, mas depois de algum tempo elas também começam a resistir. Supondo que cada vez mais açúcares e amidos estarão entrando pela boca, os níveis de glicose no sangue continuam subindo, e o pâncreas bombeia insulina cada vez mais rápido. Mas a glicose não tem nenhum lugar para ir, e finalmente o pâncreas sobrecarregado entra em colapso. Assim, não há *nenhuma* maneira de fazer com que a glicose entre nas células dos músculos, e você terá um caso avançado de diabetes.

A prevenção do diabetes depende de se controlar os dois lados da equação: a taxa de açúcares e amidos que entram no corpo e a velocidade com que a glicose é queimada pelos músculos. Quanto menos você come, menos glicose entra no sangue; quanto mais você se exercita, mais seus músculos queimam o suprimento de glicose e precisam de um refil. O exercício regular "treina" seus músculos para cooperarem com a insulina a fim de se abrirem para receber mais glicose; isso reduz a resistência à insulina.

Um programa regular de exercícios reduz as chances de contrair diabetes em cerca de dois terços. Combinado com uma dieta saudável, pobre em açúcares, amido e gordura saturada, ele torna insignificante o risco de contrair diabetes. Se você já sofre de diabetes, não há quantidade de exercício que faça seu pâncreas voltar a funcionar, mas ainda assim ajudará a controlar seus níveis de glicose e permitirá que você tome a menor quantidade de insulina possível.

Chave 4

O Câncer e o Sistema Imunológico

A relação entre o exercício e a proteção contra o câncer não é tão direta quanto a relação entre o exercício e a redução de doenças cardiovasculares. O exercício exerce pouco impacto sobre alguns tipos de câncer, mas reduz o risco de câncer de mama em trinta e sete por cento e tem proteção similar contra câncer de próstata e de cólon. Ele faz isso estimulando seu sistema imunológico. Suas defesas imunológicas, centralizadas no sistema linfático, fazem circular as células de glóbulos brancos pelo corpo, onde encontram e eliminam quaisquer ameaças celulares, como bactérias, vírus e células cancerígenas. Diferentemente do sangue, que é bombeado pelo corpo pelo coração, a linfa depende das contrações musculares para ser injetada no corpo. O exercício moderado mais do que dobra a velocidade com que a linfa circula! Quanto mais rápido essas células de glóbulos brancos circulam, mais células cancerígenas e vírus ela conseguem eliminar.

O Estresse

Estresse é simplesmente qualquer coisa que exija uma reação de nossa parte. Nosso corpo reage enviando hormônios como adrenalina e cortisol através do sangue para melhorar nosso nível de desempenho. A velocidade da respiração e das batidas do nosso coração aumenta, o que representa mais combustível para músculos e cérebro. Pensamos mais rápido, reagimos mais depressa e temos força extra. Isso é ótimo se o agente estressante não for frequente e se tivermos um escape para reagirmos: correndo, tendo um desempenho sensacional ou sendo *ativos* de qualquer outra forma. No entanto, frequentemente em nosso mundo moderno, não temos um escape físico para o estresse. Nosso chefe grita conosco em uma reunião, brigamos com nosso cônjuge, e não podemos fazer nada senão ficar sentados, com os hormônios em ebulição, as artérias levando uma surra, o sangue sobrecarregado de oxigênio, tudo isso reprimido dentro de nós. Por motivos que explicarei em profundidade na "Chave 9: Diminua o Estresse", o estresse constante é uma passagem rápida para o túmulo. Tudo bem dirigir seu carro pela estrada a 65 km por hora, mas coloque a marcha em ponto morto na entrada da garagem, pressione o pedal até o fundo, e não demorará muito até que o motor superaqueça.

Quando passamos por momentos de estresse (e vamos encarar os fatos, a maioria de nós lida com ele todos os dias) a melhor coisa a fazer é o que nosso corpo está gritando para fazermos: *Movimente-se*! O exercício é o melhor redutor de estresse que conhecemos. Ele queima a adrenalina extra e coloca nosso corpo de volta em um estado de relaxamento, o que significa que você pode passar a noite dormindo, e não fervilhando.

A Depressão

Todos nós ouvimos falar no "barato do corredor" – aquela sensação de estar leve e feliz após a corrida, sem motivo aparente. Acontece que é verdade, e o mesmo acontece com o "barato do jogador de futebol" e o "barato do adepto da caminhada". O exercício tem um efeito surpreendente sobre a depressão. Estudos demonstram que meia hora de exercício moderado por dia é tão eficaz para aliviar a depressão leve quanto os antidepressivos! Esse modesto exercício ajuda até algumas pessoas que não reagem a antidepressivos.

Como o exercício faz isso? Uma das maneiras é acionando a liberação de endorfina, elemento químico no cérebro que é responsável pelo bom humor. Talvez o cérebro faça isso para compensar os músculos doloridos que podem decorrer dos exercícios. Ninguém sabe ao certo. Mas acredito que a melhora de autoestima que sentimos quando nos exercitamos é tão responsável quanto a endorfina. Seja qual for o motivo, essa é mais uma das coisas de Deus que funciona — e isso é tudo que realmente precisamos saber.

Osteoporose

Osteoporose significa *ossos delicados e porosos*, e acontece com todos nós à medida que envelhecemos, principalmente com as mulheres. A partir dos trinta anos, as mulheres perdem massa óssea anualmente, *a não ser que...* E esse "a não ser que" é o exercício. O exercício regular pode preservar a mesma força óssea que você tinha em seus trinta anos por toda a vida.

Embora não tenhamos consciência disso, nossos ossos mudam constantemente. Os ossos usam o cálcio como laje de construção, e quanto mais músculos ligados ao osso são utilizados, mais fortes são esses músculos, pois o corpo reforça-os com cálcio extra. Mas se seus ossos não são "testados" com frequência pela força dos músculos que estão sobre eles, seu corpo supõe que eles não são tão vitais para seu modo de vida, e não envia reforço para eles. Então o cálcio que há neles se desgasta lentamente. Os ossos de mulheres idosas e sedentárias são perfurados como uma colmeia, onde existem mais furos que osso. Não é necessário mais que um tombo para que eles se esfarelem, e, nesse caso, a cura é lenta ou impossível.

A boa notícia é que o poder para evitar a osteoporose está inteiramente ao seu alcance. À medida que você envelhece, começa a ser necessário tomar uma multivitamina com cálcio para garantir que o corpo tenha a matéria-prima de que necessita para construir ossos novos. E assegure-se de exercitar todos os músculos com frequência. Caminhar ou correr é ótimo para a parte inferior do corpo, mas não ajudará muito a parte superior do tronco. A musculação, usando simples pesos de mão ou faixas elásticas, é uma ótima forma de exercitar essa metade do corpo. A natação também tem ótimos resultados.

Cinco Maneiras de Começar

O mais difícil em um programa de exercícios é o primeiro metro. Se você não se exercita há anos, cada passo pode lhe parecer uma tortura. Parece que todos estão em melhor forma que você. Completar uma caminhada de cinco quilômetros parece totalmente impossível; você fica feliz se conseguir se arrastar por um quilômetro.

A resposta, claro, é que um quilômetro está ótimo. Em longo prazo, o que faz a grande diferença não é começar com uma corrida de oito quilômetros, mas o progresso contínuo na direção correta junto com o alcance de objetivos. Desistir antes de atingir seu objetivo pode se tornar uma ladeira escorregadia. É por isso que é muito melhor começar com alvos atingíveis e alcançá-los do que se propor realizar tarefas gigantescas e desistir no meio do caminho. A seguir, descrevo cinco maneiras extremamente simples que as pessoas encontraram para iniciar programas de exercícios bem-sucedidos.

1. Uma Caminhada Diária

Os especialistas costumavam pensar que você tinha de malhar e suar muito para conseguir os verdadeiros benefícios do exercício sobre a saúde. Caminhar era uma boa maneira de fazer um intervalo, mas o verdadeiro exercício era correr, fazer exercícios aeróbicos, ou outros esportes intensos. Errado! Os pesquisadores agora sabem que a maioria dos benefícios dos exercícios sobre a saúde vem de algo tão simples quanto trinta minutos de caminhada todos os dias. Um exercício mais intenso queimará mais calorias, e você perderá mais peso, mas não aumentará muito sua longevidade ou sua proteção contra doenças. Na verdade, o exercício prolongado pode deprimir o sistema imunológico.

Trinta minutos de caminhada representam cerca de três quilômetros de caminhada em ritmo normal. Você não precisa começar fazendo tudo isso. Se quinze minutos o deixam arfando, isso é tudo que você precisa para iniciar. Vá aumentando o tempo até trinta minutos, e faça isso pelo menos cinco dias por semana. Finalmente, três quilômetros lhe parecerão coisa fácil; tente aumentar para quatro, ou caminhe por três quilômetros de forma bem rápida. Mantenha sempre certo nível de desafio. Sinta-se livre para caminhar por mais de trinta minutos, embora a maioria das pessoas ache que meia hora é o tempo que elas podem dedicar aos exercícios em um dia atarefado. Se você deseja utilizar um livro como orientação, experimente *Walking in Divine Health* (Andando com Saúde Divina) do Dr. Don Colbert.

Você está preocupada em começar a dar desculpas para evitar a caminhada? Arranje um cachorro. Ele vai lhe avisar quando você não tiver caminhado naquele dia, eu lhe garanto!

2. Exercício em Lugares Fechados

Sou uma pessoa que gosta de caminhar ao ar livre. Adoro ter a chance de aproveitar o dia e as mudanças de estação caminhando em um passeio ou pela margem de um lago. Outras pessoas acham difícil demais manter um programa de exercícios ao ar livre ao longo de todo o ano. Na Flórida, as caminhadas no verão são insuportáveis. Em Michigan, as caminhas no inverno exigem que você se agasalhe, proteja-se e desvie dos pedaços de gelo no chão. Independentemente de onde residam, muitas pessoas se sentem mais confortáveis exercitando-se na privacidade de suas casas, usando vídeos de ginástica. Muitos clássicos de aeróbica estão disponíveis, e se eles parecem pesados demais para você, existem vídeos que combinam a caminhada sem sair do lugar com movimentos simples de musculação para exercitar todo o corpo de forma moderada. Particularmente interessantes são os vídeos de Leslie Sansone, *Walk the Walk*, que combinam caminhada com uma trilha sonora de música cristã para proporcionar um treinamento que tonifique o corpo *e* eleve a alma. Se você gosta de se exercitar em grupo, existem aulas de aeróbica em todas as cidades atualmente. Seja qual for seu gosto, existe um programa especial para você. Não permita que o fato de gostar ou não de estar ao ar livre a impeça de se exercitar!

3. Musculação

Como expliquei neste capítulo, exercícios aeróbicos como caminhar ou andar de bicicleta queimam calorias, melhoram o desempenho cardiovascular e espantam a tristeza, mas não oferecem muita ajuda contra a osteoporose na parte superior do corpo. Isso requer trabalho muscular rápido e intenso como levantamento de pesos, musculação e agachamentos. A vantagem dos programas de musculação é que eles podem ser feitos em casa, em apenas alguns minutos por dia e não exigem nenhum equipamento especial. Existem muitos livros e vídeos disponíveis. Encontre um que atenda às suas necessidades, e mantenha seus ossos e músculos fortes.

4. Corrida ou Ciclismo

Algumas pessoas ficam entediadas caminhando. Se você sabe que precisa fazer exercício, mas sabe que não vai conseguir se manter entusiasmada com isso, a não ser que o mundo à sua volta comece a passar voando, sugiro que você tente a corrida ou o ciclismo. Muitas pessoas adoram andar de bicicleta, e é muito mais fácil para suas juntas do que correr. As cidades estão muito melhores do que antigamente com relação à manutenção de faixas para ciclistas e corredores. Talvez você descubra que algumas pequenas atividades que você costumava fazer de carro podem ser realizadas de bicicleta, o que significa que seu exercício não estará lhe roubando seu pouco tempo.

5. Natação

Se você faz parte de uma minoria cujos problemas físicos são um empecilho até mesmo para tentar uma caminhada diária, você ainda pode se exercitar! Muitos clubes e academias oferecem aulas de hidroginástica e o simples ato de nadar em ida e volta é uma das atividades mais saudáveis que você pode fazer. A natação elimina todo o peso do corpo. Ela trabalha muitos músculos diferentes e oferece um treinamento cardiovascular ameno sem qualquer estresse sobre as juntas ou os ossos. E as piscinas em ambientes fechados fazem dessa uma opção conveniente durante o ano inteiro.

• • •

TOME UMA ATITUDE

"Sejam praticantes da Palavra, e não apenas ouvintes".
Tiago 1:22

Escolha pelo menos uma atitude que você pode tomar para inserir mais exercício em sua vida. Anote-a, *comprometa-se* com ela e comece hoje.

ATITUDE: _____

CHAVE 5

Alimente-se de Forma Balanceada

Depois que Deus criou Adão e Eva, Ele lhes deu algumas instruções muito simples quanto à alimentação. "Comam livremente de qualquer árvore do jardim", disse Ele em Gênesis 2:16.

Mas será que Ele disse, "Vocês podem comer livremente em todas as lojas de *donuts* que encontrarem nas ruas"? Não. Ele disse, "Vocês podem comer livremente todos os salgadinhos do pacote"? Não. Ele não disse a eles para comerem livremente *fast food*, pizza congelada ou mesmo biscoitos dietéticos.

Deus disse a Adão e Eva para comerem do jardim, e faríamos bem em ouvirmos Seus conselhos. Durante muitos anos, temos sido inundados com uma quantidade avassaladora de informações erradas sobre dietas, o que acabou escondendo a verdade sobre uma alimentação saudável: coma os alimentos que vêm de Deus, no estado mais próximo possível do modo como Deus os criou e você não vai errar. Somente quando nos corrompemos com alimentos feitos pelo homem em laboratórios e fábricas é que temos problemas. Nosso corpo não foi projetado para obter sua nutrição dessa forma. Como explicarei neste capítulo, nosso corpo ainda não sabe o que fazer com esses alimentos processados.

Certa vez, quando estava ensinando sobre alimentos, pedi à congregação para repetir comigo: "Sou livre para comer!". Você devia ter visto o medo estampado em muitos rostos. Frequentemente as pessoas têm problemas com seu peso, vivem cativas da comida e da ânsia por ela, e acreditam por anos que certamente *não* são livres para comer! Ao contrário; para elas, as refeições se apresentam com todas as regras e temores de uma escola militar. Mas como você sabe, quando o espírito de uma pessoa é oprimido com muitas normas e regras, ele anseia por liberdade. Ele se rebela!

Esse é um dos motivos pelo qual tantas dietas fracassam. Elas se resumem a restrições. E o espírito humano foi projetado para a liberdade. É por isso que "Sou livre para comer!" é uma mensagem tão poderosa quanto preocupante para algumas pessoas. Elas querem acreditar nisso, mas a mensagem oposta lhes foi passada por tempo demais.

VOCÊ É LIVRE PARA COMER! Creia nisso. Neste capítulo, você irá aprender por quê. Você vai desaprender todas as coisas nada saudáveis que lhe ensinaram sobre dieta, e começará uma rotina alegre, fácil e sem culpa, de comer livremente os bons alimentos que Deus colocou na terra para você. Sem contagem de calorias, sem se servir de forma controlada desse ou daquele grupo de alimentos, sem olhares preocupados com relação às informações nutricionais no verso das embalagens.

A Catástrofe do Baixo Teor de Gordura

Aqui estamos nós, veteranos das guerras contra o baixo teor de gordura dos anos oitenta e noventa. Você se lembra dessa era? Sei que eu me lembro! Todos os nutricionistas nos diziam que a gordura era o inimigo. Diziam-nos que se simplesmente cortássemos a gordura de nossa dieta perderíamos peso. Logo, hordas de produtos com baixo teor de gordura apareciam nas prateleiras das lojas para nos ajudar: biscoitos com baixo teor de gordura, sorvete com baixo teor de gordura, queijo, batatas fritas e comida congelada com baixo teor de gordura.

E nós obedecemos. Cortamos a manteiga, o óleo, a carne e a maionese. Comíamos os produtos com baixo teor de gordura conhecidos pelo homem. Sabe o que aconteceu?

Ficamos mais gordos. A porcentagem de norte-americanos obesos dobrou nessas duas décadas de quinze para trinta por cento. A porcentagem de crianças acima do peso *triplicou*. As mulheres agora comem trezentas e trinta e cinco mais calorias por dia do que comiam há trinta anos.

Como é possível? Como podemos ter cortado a gordura e ganhado peso? (E estourado nossa taxa de doenças do coração e diabetes?)

A resposta é que quando os nutricionistas nos disseram para cortar a gordura, eles simplesmente não sabiam o que estavam falando. Toda a noção de que a gordura nos deixava gordos vinha do conhecimento de que, grama por grama, a gordura tem duas vezes mais calorias que proteínas e carboidratos. Então, substitua a gordura pelo mesmo peso de alguma outra coisa, e comeremos menos calorias, certo?

Bem, tecnicamente sim. Quando os defensores das dietas com baixo teor de gordura estudaram pessoas em laboratório, prepararam suas refeições e mediram cada caloria consumida por elas, a substituição de gramas de gordura por gramas de carboidratos funcionou muito bem. As pessoas perderam peso. Não importa que elas estivessem morrendo de fome, distraídas e irritadas. Isto não fazia parte do estudo. A mensagem se espalhou por todo lugar: o baixo teor de gordura e alto teor de carboidratos são sua passagem para a saúde e a perda de peso! Gordura é um nome feio!

E nós ouvimos. A porcentagem de calorias obtidas a partir da gordura caiu de trinta e sete por cento para trinta e dois, ao passo que a porcentagem de calorias obtidas dos carboidratos subiu de quarenta e cinco para cinquenta e dois por cento.

Infelizmente, as coisas ficaram mais complicadas quando pessoas reais começaram a experimentar essa dieta. Certamente, um grama de carboidratos tem mais calorias que um grama de gordura, mas acontece que isso não ajuda muito, porque o gama de gordura é muito melhor para fazer você se sentir saciado. O carboidrato apenas faz com que você deseje mais.

Você se lembra de quando comparamos a comida ao combustível para uma churrasqueira? O açúcar (que o corpo converte em glicose) é o fluido para acendimento que queima depressa e em alta temperatura, enquanto a gordura é o carvão que queima lentamente e de forma prolongada. O carboidrato é um tipo de moléculas de açúcar. Quando essas moléculas de açúcar estão sozinhas elas têm gosto doce, como açúcar ou mel, mas, às vezes, elas se grudam em longas cadeias. Os amidos — como a farinha, o milho ou a batata — são simplesmente longas cadeias de moléculas de açúcar. Elas não têm gosto doce para nossa língua porque são grandes demais para caberem nos bulbos gustativos, mas nosso corpo as decompõe em moléculas de açúcar quase que instantaneamente. As máquinas também podem fazer isto: o milho é um amido que não tem gosto muito doce, e o xarope de milho é a mesma matéria decomposta em pequenos pedaços.

Não importa que tipo de carboidrato você coloque em seu corpo — batatas fritas, pão ou algodão doce — ele é lançado no sangue como glicose para gerar energia. Se seus músculos estiverem em atividade naquele momento, eles terão muita energia. (Esse é o motivo pelo qual os atletas gostam de comer carboidratos antes de competir.) Se não, bom, seu corpo sempre pode converter toda essa glicose em gordura e armazená-la.

De um modo ou de outro, comer uma grande quantidade de massa ou bolo faz com que seu nível de açúcar no sangue dispare. E seu corpo reage gerando toneladas de insulina, o hormônio que faz com que as células dos músculos ou as células de gordura se abram para receber o açúcar. Mas ter tanta insulina no sangue significa que seu corpo terá pouca capacidade de armazenar o açúcar em algum lugar, e então você oscila, indo de taxas muito elevadas de açúcar no sangue a taxas muito baixas.

A baixa taxa de açúcar no sangue também é conhecida como hipoglicemia. E você sabe qual é a sensação da baixa de açúcar no sangue: fome. Você sente fome, a concentração diminui, a irritação e a fraqueza aumentam e sua energia cai. Você só consegue pensar em comida.

Então você come. E se o que você ingerir for principalmente carboidrato, então sua taxa de açúcar no sangue sobe novamente, você produz muito mais insulina, e todo o processo se repete (até que, claro, o pâncreas fique tão exausto de produzir toda essa insulina que ele entra em colapso e você contrai diabetes).

Muitos de nós passamos uma boa parte dos anos oitenta e noventa envolvidos com dietas que eram verdadeiras montanhas-russas de açúcar no sangue, tendo rompantes de carboidratos e caindo de fome duas horas depois. Fazemos um lanchinho comendo uma batatinha — com um encorpado molho dietético — para logo depois pensar: "Não consigo acreditar que estou com fome de novo". Então acabamos fazendo um lanchinho depois do outro, consumindo mais calorias por dia do que nunca, embora poucas dessas calorias estivessem em forma de gordura. E ganhamos peso.

Deixando o Corpo Fazer o Trabalho Dele

Por que o nosso corpo não é mais bem-sucedido em regular o que ele precisa? Será que Deus nos projetou para sermos gordos? É claro que não. Nossos corpos são *excelentes* em regular as necessidades, mas este mundo de *donuts* e algodão-doce é algo com o qual eles nunca tiveram de lidar antes. Até algumas centenas de anos atrás, quando as colheitas como a da cana-de-açúcar e da batata se tornaram disponíveis, havia muito poucas formas convenientes de carboidratos para comermos. Havia as frutas, e de vez em quando alguém era corajoso o suficiente para atacar uma colmeia, mas isso era praticamente tudo em termos de doces. Os outros carboidratos vinham dos vegetais e dos grãos, como o trigo e a aveia. As pessoas faziam pão, mingau e outros alimentos com esses grãos, mas de uma maneira muito diferente do pão que vemos hoje.

As pessoas comiam *grãos integrais*, a parte da semente natural da planta. Pense na aveia ou na cevada e você terá uma boa ideia dos grãos integrais: difíceis de mastigar; duros por fora, macios por dentro. Então apareceu alguém e inventou as máquinas que retiravam a parte externa mastigável dos grãos, deixando a parte interna macia. É isso que é a farinha branca: a parte interna delicada sem a casca externa. A farinha integral, por outro lado, é o grão integral.

Não há como negar que adoramos o sabor delicado e cremoso de pães, doces e outros alimentos feitos com farinha branca. E não tem sentido discutir o gosto já incorporado em nós por açúcar refinado! Mas esses são os tipos de alimentos que geram uma reação maciça de produção de insulina — que descrevi acima — em nosso corpo, o que nos leva a comer em excesso, à obesidade, às doenças cardiovasculares e ao diabetes.

Por que os grãos integrais não provocam essa mesma reação? Por causa daquela casca externa fibrosa. Ela faz com que nosso aparelho digestivo retire aquela casca para obter o que está dentro dela, o que significa que a velocidade com a qual os carboidratos são enviados para o sangue diminui consideravelmente. E isso significa que as taxas de açúcar no sangue permanecem estáveis e boas. Você permanece saciado por mais tempo, enquanto o corpo processa lentamente esses grãos integrais. É como dar um brinquedo de mastigar para o cachorro. Você não dá a ele um brinquedo mastigável de papel, porque ele vai rasgá-lo em segundos e logo estará pedindo outro. Você dá a ele um daqueles ossos superduros de couro cru que o mantém ocupado por horas. Dê a seu corpo os alimentos duros que ele foi programado para digerir, e ele ficará ocupado por horas, deixando você livre para viver sua vida.

Os vegetais e até as frutas também mantêm seus carboidratos envolvidos em embalagens fibrosas, e exigem que nosso corpo trabalhe mais para consegui-los. Esses envoltórios contêm as vitaminas e os minerais de que precisamos, que também estão nos grãos integrais, mas que faltam na farinha e no açúcar refinados.

Nutrientes retirados para produção da farinha branca		
fibras	niacina	tiamina
ferro	fósforo	vitamina B_6
magnésio	potássio	vitamina E
manganês	riboflavina	zinco

E quanto às fibras nos grãos integrais? Elas não são digeríveis, de modo que passam pelo corpo sem serem absorvidas. O que significa que são livres de calorias, de modo que se você ingerir dois alimentos do mesmo tamanho, o que contém mais fibras (e água) terá menos calorias. É por isso que um pedaço de fruta, que possui alto teor de água e fibras, tem muito menos calorias que uma barra de chocolate recheada.

Em alguns casos, as fibras podem ser contadas como calorias *negativas,* porque elas absorvem a gordura do alimento e a levam para fora do corpo. Isso reduz a ingestão de calorias, assim como as taxas de colesterol e o risco de doenças cardiovasculares. As fibras também atuam como um desentupidor de intestinos, evitando os bloqueios.

As fibras são milagrosas! Elas também são muito comuns. Elas estão presentes na maioria dos vegetais em estado natural. Somente quando utilizamos a tecnologia para processar os alimentos de uma forma que Deus nunca programou é que podemos criar alimentos que fazem mal ao corpo. O alto teor de fibras lentamente desacelera a velocidade com que os carboidratos de um alimento são absorvidos em nossa corrente sanguínea, assim como a maciez do alimento. (Nosso corpo demora muito mais para amaciar um pedaço de brócolis cru e retirar os carboidratos dele do que de um brócolis cozido a ponto de virar um mingau.) O tamanho do alimento também é importante. Até o pão integral pode ser absorvido rapidamente se os grãos integrais tiverem sido moídos e transformados em um pó fino. É por isso que você deve procurar pães de muitos grãos, os quais contêm uma grande quantidade de pedaços de cereais mastigáveis.

O tema comum desta discussão é que você deve interferir o mínimo possível na natureza. Deus lhe deu um grande jardim de alimentos saudáveis para comer, e um corpo totalmente capaz de lidar com esses alimentos. Você tem dentes para partir e moer sua comida, um estômago que inunda a comida em água e ácido e que a joga para lá e para cá como um lutador de boxe até que ela seja despedaçada, além de um intestino que pega esses pequenos pedaços e extrai deles tudo que existe de bom. Seu corpo *quer* fazer isso; as pessoas fizeram isso por centenas de anos. Quando você permite que máquinas tenham o trabalho de partir, moer, amaciar e pré-digerir o alimento, o corpo não pode fazer o trabalho que foi criado para fazer, e o resultado é a doença.

Gordura Engorda?

Quando a política dietética dos anos oitenta e noventa nos aconselhou a cortar a gordura de nossas dietas, foi porque a gordura é uma fonte muito concentrada de calorias. A gordura tem nove calorias por grama, enquanto a proteína e os carboidratos têm apenas quatro. Sem entender a reação do corpo aos carboidratos, o que descrevemos acima, eles acreditavam que consumiríamos menos calorias e perderíamos peso. Parecia lógico: se nosso problema é excesso de gordura *no* corpo, devemos levar menos gordura para *dentro* dele!

Mas acontece que a gordura tende a nos dar a sensação de saciedade. São os pedaços de carvão que queimam lenta e demoradamente. Sim, é uma forma mais concentrada de calorias, mas temos a tendência de comer em menores quantidades. (Quanto azeite de oliva você consegue consumir?) As moléculas de gordura são mais complexas que os carboidratos, então nosso corpo leva muito mais tempo para desmanchá-las a fim de obter as calorias. Assim como os grãos integrais ricos em fibras, somente um pouco faz o corpo funcionar por mais tempo.

Talvez o mais importante de tudo seja o fato de que a gordura tem componentes chamados leptinas, que são o sinal que o cérebro procura para saber se você está saciada. Quando o intestino detecta as leptinas, ele envia a mensagem ao cérebro dizendo: "Tudo pronto! Temos o que precisávamos. Pare de comer". Leva vinte minutos desde o momento em que comemos até que o alimento saia do estômago e chegue ao intestino delgado, de onde o sinal da leptina é enviado, e então o cérebro nos diz que estamos satisfeitos. Este é o motivo do clássico conselho de esperarmos vinte minutos depois de comer para decidirmos se estamos satisfeitos ou não. Mas você precisa comer algum tipo de gordura na refeição para que isso aconteça. (E você terá problemas se comer tanto a ponto de a comida chegar em seu intestino delgado e acionar as leptinas, e você ainda estiver se entupindo de comida).

Esse novo entendimento do papel da gordura e dos carboidratos para regular o apetite foi o argumento que estava por trás da onda de dietas de baixo teor de carboidratos. Mantenha sua reação insulínica baixa evitando os carboidratos, coma proteínas e gorduras suficientes para se manter saciado e em equilíbrio, e você comerá menos calorias de um modo geral, e perderá peso.

Sabe de uma coisa? Eles podem estar certos! Você pode perder peso com dietas de redução de carboidratos — *se* você prosseguir com elas! O que não é uma tarefa fácil em um mundo que constantemente oferece carboidratos em formas convenientes. Verifique as ofertas na próxima vez que você estiver em uma loja de conveniência: batatas *chips*, *pretzels*, doces, biscoitos, *muffins*, sorvetes, picolés, refrigerantes, sucos. Todos carboidratos. Que *conveniente*! A não ser que você considere a doença inconveniente.

Algumas dietas de redução de carboidratos vão longe demais, sugerindo cortar fontes saudáveis de carboidratos como frutas e grãos integrais. Algumas também cometem o erro de indicar que todas as gorduras são iguais. Como explicarei na próxima seção, elas absolutamente não o são.

Gordura Faz Mal?

Os pesquisadores tinham uma segunda razão para nos aconselhar a ingestão de menos gordura, e dessa vez eles estavam para descobrir algo. Eles achavam que isso iria nos tornar mais saudáveis. Eles sabiam que artérias obstruídas era o resultado de compostos graxos, como o colesterol, que se juntam em nossa corrente sanguínea e depois se prendem nas paredes das artérias, formando um bloqueio. Se um bloqueio impedir a passagem do sangue para o coração, teremos um enfarte. Se ele cortar a passagem do sangue para o cérebro, teremos um derrame.

Nosso corpo produz colesterol a partir da gordura contida nos alimentos que comemos. Isso parece uma ótima razão para cortarmos a gordura! Mas quando as pessoas faziam dietas de redução de gordura, a taxa de doenças no coração, na verdade, aumentava! Por quê? Como sabemos, existem dois tipos de colesterol. Um deles é ruim (colesterol LDL) e forma a placa que entope nossas artérias; o outro é bom (colesterol HDL), e ajuda a limpar essas artérias.

Agora sabemos que diferentes tipos de gordura têm diferentes efeitos em nossas taxas de colesterol. Algumas elevam a taxa de colesterol ruim e abaixam a taxa de colesterol bom, outras fazem o contrário, e algumas abaixam todas as taxas de colesterol. As pessoas que faziam dietas de redução de gordura estavam cortando o tipo perigoso de gordura, mas também estavam cortando a forma segura de gordura.

Existe uma maneira fácil de determinar se uma gordura tem probabilidade de contribuir para o entupimento das artérias. Ela é sólida ou líquida quando está na temperatura do corpo? Em uma sala a 36 graus, ela parece óleo ou gordura de bacon? As gorduras que são sólidas ou semissólidas ficarão nesse estado dentro do corpo também, o que significa que elas muito provavelmente se prenderão e formarão placas. Essas gorduras, conhecidas como gorduras saturadas, são todas de animais: carne bovina, porco, cordeiro e laticínios. São elas que elevam o colesterol ruim e contribuem para as doenças do coração.

As gorduras líquidas, quando estão na temperatura do corpo, porém, são alguns dos alimentos mais saudáveis que você pode comer. Essas gorduras insaturadas reduzem o colesterol ruim que causa as placas, elevam o colesterol bom que as impede, e mantêm todo o corpo funcionando tranquilamente. O azeite de oliva lidera a lista, juntamente com o óleo de peixe e o óleo de canola. Outros óleos vegetais são menos saudáveis, mas muito melhores que a gordura saturada.

Mudar da gordura saturada para a gordura insaturada pode fazer uma enorme diferença em sua saúde. Até um pequeno começo gera grandes resultados. Trocar apenas 100 calorias por dia em sua dieta — menos de uma colher de sopa — de uma gordura sólida para o azeite de oliva pode diminuir o risco de um enfarte pela metade. Diminua o consumo da maioria das carnes vermelhas e dos laticínios com alto teor de gordura, coma mais peixe e azeite de oliva, e esse risco diminuirá ainda mais. Essa é base da nova e famosa Dieta Mediterrânea, e está provado que ela prolonga a vida. Mudar para a Dieta Mediterrânea e exercitar-se regularmente reduz o risco de doenças cardíacas em cerca de oito por cento! Não é coincidência que essa dieta também seja a dieta básica consumida pelas pessoas dos tempos bíblicos: muitas frutas, vegetais, grãos integrais e peixe; ocasionalmente, carne e aves e poucos laticínios (geralmente iogurte). Essa dieta é famosa por seu sucesso comprovado!

Abrace os antigos vilões		
É impressionante quantos dos alimentos que nos diziam para não comer nos anos oitenta e noventa passaram a ser bons para nós agora. Veja esta lista dos injustamente acusados, agora todos considerados alimentos saudáveis — quando comidos com moderação.		
Chocolate	Manteiga de amendoim	Abacate
Café	Sementes de girassol	Ovos
Azeite de oliva	Amêndoas e castanhas	
Óleo de canola		

Outros Benefícios da Gordura

O ponto principal é que você não precisa se preocupar em inserir menos gordura em sua dieta. Você precisa da gordura! Além dos benefícios cardiovasculares, a gordura é essencial para a saúde, para uma pele flexível e para que o cérebro funcione bem. Ela acolchoa os órgãos e ajuda a manter você aquecida. Os ácidos graxos essenciais (AGEs) encontrados no peixe, nas nozes e nas gorduras vegetais impedem que as paredes das células se rompam, afinam o sangue, regulam a pressão sanguínea, reduzem a inflamação e melhoram o sistema imunológico. Os ácidos graxos do ômega-3, encontrados em peixes oleosos como o salmão e a cavala, são especialmente eficazes na proteção contra as doenças do coração.

Não mencionamos o benefício mais importante da gordura, que é o ótimo sabor! Sem gordura, na verdade, a comida fica sem graça. Ela pode ser doce, salgada ou apimentada, mas tem pouca profundidade ou aroma, porque a gordura leva em si o aroma. (As empresas costumam acrescentar muito açúcar para compensar a perda de sabor.) A comida que não tem aroma não satisfaz, e como no fim das contas comemos para ficarmos satisfeitos, temos maior probabilidade de comer mais comidas salgadas ou doces, mas que não satisfazem, porque nunca alcançamos aquele contentamento pelo qual ansiamos.

Em vez de menos gordura, seu objetivo deve ser cortar tanta gordura saturada quanto possível da dieta e substituí-la por gorduras insaturadas. Comer alimentos balanceados, nutritivos, bem temperados, significa comer alguma gordura. Quantas formas você conhece de inserir azeite de oliva, nozes, peixe e abacate em suas refeições?

Gorduras Naturais

Minha regra geral para a escolha de alimentos na forma mais próxima possível da que Deus nos deu é especialmente importante com relação às gorduras. Todo o azeite de oliva que você comer deve ser extravirgem. Isso significa que o óleo foi prensado diretamente de azeitonas frescas, como é feito há milênios. O azeite não virgem foi extraído de azeitonas inferiores ou de polpa de azeitonas velhas, utilizando calor, solventes, outros químicos e, às vezes, alvejantes. Esse tipo de azeite oferece poucos benefícios à saúde.

Os óleos vegetais extraídos de grãos e legumes seguem um processo semelhante ao do azeite de oliva não virgem. Diferente de uma azeitona ou noz madura, que praticamente vaza azeite, os grãos retêm o óleo com muito mais força. Se você já tentou espremer óleo de um milho ou de um feijão de soja, você provavelmente não teve muito êxito. As fábricas aquecem as plantas a temperaturas extremamente altas para decompor sua estrutura e forçá o óleo a sair, e, depois, acrescentando solventes químicos para dissolver as plantas ainda mais. Eles aumentam a temperatura para retirar os solventes por meio do cozimento. O que sobra não parece nada apetitoso, então eles o branqueiam e desodorizam para transformá-lo em algo que os consumidores possam comprar. A essa altura, não apenas todos os nutrientes foram destruídos, como ocorreu uma perigosa oxidação. É por isso que recomendo que você fique com o azeite de oliva extravirgem, ou com outros azeites "extraídos a frio" para atender às suas necessidades de azeite.

Até os animais de que dependemos para comer carne se tornaram menos saudáveis, graças à industrialização. Quando as pessoas nos tempos bíblicos comiam carne bovina ou de cordeiro, eles estavam comendo animais que andavam livremente nos campos de pasto, comendo grama fresca e outras plantas verdes. Agora esses animais (assim como as aves) são criados em granjas, com pouco ou nenhum exercício, e comendo principalmente resíduos de grãos. Eles têm muito mais gordura do que seus semelhantes bíblicos, magros e ativos, e menos vitaminas e antioxidantes, conseguidos ao comerem verduras frescas. Eles também são alimentados com antibióticos para impedir que disseminem doenças dentro dos limites estreitos onde são mantidos. É provável que a carne vermelha fosse muito mais saudável para nós naquele tempo em que os animais tinham uma vida natural. Se você quiser realmente seguir os passos de uma dieta bíblica, procure carne com a etiqueta "alimentado com grama", "caipira" ou "orgânico".

Proteína

Até agora falamos sobre os carboidratos e a gordura, mas não mencionamos o nutriente mais importante de todos eles — a proteína. Os carboidratos e a gordura fornecem seu combustível e exercem as outras funções especiais que mencionei, mas a proteína "constrói" você. Você *é* proteína. Seus músculos são proteína, seus órgãos, seu DNA, seus hormônios e parte de seus ossos também. Muitas das funções específicas do corpo são executadas por moléculas de proteína. Para continuar funcionando com eficiência máxima, e para reconstruir os tecidos quando eles são destruídos, você precisa de um suprimento estável de proteínas todos os dias.

Gordura Trans

As gorduras mais perigosas de todas não existem em nenhum lugar da natureza. Elas são as gorduras trans, que são criadas usando-se os óleos vegetais — as gorduras insaturadas — e transformando-os em gordura saturada. Por que alguém faria algo assim? Porque as gorduras saturadas não mofam tão rápido, de modo que ela preserva a validade de todos os alimentos processados que contêm gordura, como a margarina, as batatas *chips*, os biscoitos, as bolachas, os bolinhos e a manteiga de amendoim. Mas quando você conhecer o processo pelo qual a gordura trans é feita, você vai querer ficar longe dela. Os óleos vegetais são superaquecidos, então o gás hidrogênio é injetado neles até que endureçam. Arghhh!!! (Por causa do processo com o hidrogênio, esses óleos são chamados *óleos hidrogenados*; você verá esse ingrediente em muitos alimentos.) A gordura trans ainda tem maior probabilidade de provocar doenças do coração que a gordura saturada normal. Hoje o USDA (Departamento de Agricultura dos Estados Unidos) reconheceu os perigos das gorduras trans e exigiu que elas fossem relacionadas nas informações nutricionais em todas as embalagens dos alimentos. Compre apenas alimentos livres de gordura trans.

Ninguém encontrou nada de muito negativo para dizer sobre a proteína. Ela não gera doenças cardíacas, não engorda, nem a deixa sonolenta. Aprendi que preciso de uma alta porcentagem de proteína em minha dieta. Adoro massas e poderia comê-las todos os dias, mas um grande prato de espaguete sempre me deixa com sono depois. Se eu quiser produzir alguma coisa à tarde, aprendi a evitar o excesso de amido e a fazer um almoço rico em proteínas. Fico alerta e saudável, e me sinto bem. Assim como a gordura, a proteína leva algum tempo para ser decomposta pelo aparelho digestivo, de modo que ela é mais eficaz que os carboidratos para mantê-la satisfeita.

A forma mais óbvia de proteína é a carne animal. Além da gordura, a carne animal é proteína pura. Os ovos são outra fonte excelente de proteínas. Os laticínios contêm alto teor de proteínas, mas também costumam ser ricos em gordura saturada, como a carne vermelha. Nozes, feijões e sementes possuem uma mistura tremenda de proteína, fibra, vitaminas e outros nutrientes essenciais, sem nenhuma gordura saturada. Faríamos bem em substituir um pouco do consumo de carne vermelha por essas fontes vegetais de proteínas, juntamente com peixe, frango e peru.

A Farmácia da Natureza

Deus não apenas forneceu todos os nutrientes de que precisamos para uma vida inteira de saúde, como Ele forneceu todos os remédios também. Todos os dias, cientistas descobrem novos compostos curativos nas frutas e nos vegetais. Os primeiros a serem descobertos foram as vitaminas que todos nós já conhecemos, mas nenhum cientista percebe que uma vasta gama de componentes chamados antioxidantes são igualmente essenciais para a saúde. Tipos diferentes de antioxidantes estão nas frutas e nos vegetais, e eles protegem diferentes partes do corpo, mas todos eles operam no sentido de impedir os danos causados pelos *radicais livres* e outras toxinas contidas no ambiente. Essas toxinas atacam nossas células e nosso DNA, gerando todo tipo de coisas desde doenças cardíacas e câncer até doenças nos olhos, Alzheimer e flacidez na pele. Mas os antioxidantes podem se unir às toxinas, neutralizá-las, e removê-las do corpo. Quanto mais antioxidantes comermos, mais protegidos estamos contra as doenças e os efeitos do envelhecimento. Todas as vezes que você come frutas e vegetais, você adquire mais tempo de vida. Coma-os em todas as refeições, e logo você terá diminuído a velocidade do processo de envelhecimento de forma significativa.

Nosso entendimento dos antioxidantes e de outros micronutrientes ainda está evoluindo, de modo que a aposta mais segura é comer uma variedade de frutas e vegetais diariamente. Não tome apenas vitaminas em pílulas, mesmo que em seus rótulos descrevam antioxidantes, porque os alimentos naturais contêm centenas, talvez milhares de compostos que combatem as doenças e que não identificamos ainda, e eles não estão nas pílulas. Esses compostos podem funcionar melhor nas combinações que Deus fez. Os suplementos nutricionais são importantes, mas funcionam melhor quando são tomados com os alimentos que Deus preparou para comermos.

Eis uma lista de diversas frutas e vegetais, e o que eles são especialmente bons em prevenir:

Brócolis, repolho, couve de Bruxelas	Câncer de cólon, doenças cardíacas
Espinafre, couve, outras verduras	Câncer de cólon, câncer de estômago, doenças dos olhos, doenças cardíacas
Cebola, alho, alho-poró, cebolinha	Câncer de estômago, doenças cardíacas
Cenoura, batata doce, abóbora	Câncer de mama, de boca, de garganta e de pulmão

Tomate, melancia	Câncer de próstata, de estômago e de pulmão
Blueberrie, morango, maçã, uvas vermelhas, repolho roxo, chocolate (sem açúcar), beterraba, ameixa	Doenças cardiovasculares

Além do que eles contêm, os alimentos naturais também são importantes pelo que *não* contêm. Eles não contêm antibióticos, corantes ou conservantes. Nem sabores artificiais ou químicos carcinogênicos. Nem "gorduras falsas" criadas em laboratório ou substitutos para o açúcar que não são digeríveis. Ainda não foi provado que muitos dos ingredientes de cinco sílabas que você vê nos rótulos dos alimentos embalados são perigosos — mas também ainda não foi provado que eles sejam seguros.

Colesterol nos Alimentos: Alarme Falso

Quando os cientistas souberam que o colesterol no sangue era responsável pelo entupimento das artérias, soou o alarme para evitarmos alimentos ricos em colesterol. Os ovos foram os principais culpados, e de repente o consumo de ovos caiu pelo fato de as pessoas pensarem que eles eram "o enfarte no prato de comida". Mas o fato é que não havia motivo para alarme. Os ovos não aumentam o risco de doenças cardíacas. Na verdade, quase não existe relação entre o colesterol que você come e a taxa de colesterol no sangue. O corpo fabrica colesterol a partir da gordura saturada e da gordura trans, e são essas que você deve evitar nos alimentos. Não se preocupe com o teor de colesterol nos alimentos, e não se preocupe em comer ovos. Eles, na verdade, são um dos alimentos mais perfeitos da natureza, cheios de proteínas, gordura saudável e vitaminas difíceis de se obter, como a vitamina D e a vitamina B_{12}. Apenas não os frite em uma montanha de manteiga, nem derreta uma grossa fatia de queijo sobre eles!

O Objetivo: Equilíbrio

Quando falamos sobre investir na saúde, eu lhe disse que você teria de investir um pouco de tempo para aprender sobre alimentos, e talvez este capítulo tenha sido um teste para você. Eu lhe dei muitas informações. A maioria das pessoas não gosta de obedecer cegamente às ordens de alguém; elas estão muito mais dispostas a fazer alguma coisa se entenderem por que estão fazendo aquilo. Agora que você vê como os diferentes tipos de alimentos afetam o corpo, espero que entenda por que é tão importante — e tão fácil — ter uma dieta saudável e balanceada. A Bíblia nos diz para permanecermos equilibrados a fim de que o diabo não possa ter entrada em nossa vida (1 Pedro 5:8). O excesso é o pátio de recreio do diabo.

A chave é o bom senso em todas as áreas da vida. É absurdo pensar que um biscoito possa fazer sua saúde se deteriorar. É igualmente absurdo pensar que você possa comer uma sobremesa inteira duas vezes por dia sem consequências. A moderação é o caminho certo em todas as coisas. Se você puder comer um doce de vez em quando, em festas de aniversário ou em jantares de comemoração, essa é uma parte absolutamente maravilhosa da vida. Mas uma amiga diz que ela simplesmente não consegue comer um único biscoito sem comer o pacote inteiro, então ela sabe que não deve comer aquele biscoito. A Bíblia diz que se seus olhos o escandalizam, você deve arrancá-los (Mateus 18:9). Isso significa que se uma coisa na vida é uma ameaça à sua queda, você precisa eliminar aquilo de sua vida.

Em geral, não precisamos chegar a tais extremos. Um pouco de açúcar não vai matá-la. Nem um pouco de massa, de pão branco, de bacon ou de filé mignon. A maioria de nós é suficientemente madura para administrar um agrado ocasional em um padrão geral de refeições saudáveis e balanceadas.

Procure esse equilíbrio em seu prato. Uma variedade de cores é um bom sinal. Significa que você está tendo uma boa mistura de vitaminas e antioxidantes. Permita-se comer alguns carboidratos para ter energia — de preferência integrais, como arroz integral, trigo integral, grãos de milho ou feijões —, mas assegure-se de que eles sejam equilibrados com muita proteína e gordura saudável, como o azeite de oliva ou o abacate. Mesmo que você coma carboidratos refinados, como açúcar ou arroz branco, comer proteínas e gordura ao mesmo tempo fará uma mistura desses nutrientes em seu estômago e retardará a velocidade com a qual o corpo pode absorver os carboidratos — o que representará menor injeção de açúcar no sangue. É por isso que um sorvetinho no meio da tarde é uma ideia melhor do que um *donut* sozinho. A proteína contida no sorvete é benéfica.

Acima de tudo, *não fique estressada com o que você come*. O propósito de todas as informações que lhe dei neste capítulo não é sobrecarregá-la com a preocupação de controlar o teor nutricional de cada garfada que você coloca na boca; mas é fazer com que você entenda que comer de forma saudável envolve simplesmente alternar uma variedade de bons alimentos ao longo da semana. A maioria dos alimentos é boa para você! Apenas não caia no hábito norte-americano de depender demais de alguns deles — carne, batata, açúcar e daí por diante — que só devem ser consumidos uma, duas ou três vezes por semana. Desde que a produtividade da natureza de Deus passe por seu prato toda semana, e que a maioria tenha mais ou menos a aparência que tinha quando chegou da fazenda, você ficará bem.

Cinco Maneiras de Colocar em Prática uma Alimentação Balanceada

Uma coisa é dizer: "Coma mais verduras, frutas e grãos integrais; coma menos carne vermelha, farinha branca e sobremesa". Outra coisa é fazer isso acontecer.

1. Faça da Alimentação Algo Sagrado

Aprenda a fazer tudo para a glória de Deus, inclusive comer. Olhe para seu prato e pergunte se o que você vai comer é essencialmente o que Deus criou para você. Não encare a alimentação como um acontecimento secular que não tem nada a ver com seu relacionamento com Deus. Não esqueça que Deus colocou Adão e Eva no Jardim do Éden e disse a eles o que eles podiam comer. Se comer não tivesse nada a ver com o fato de eles andarem com Deus, Ele provavelmente não teria mencionado o alimento. Faça boas escolhas! Toda vez que escolhe alimentos bons e saudáveis, você está escolhendo a vida, que é um presente de Deus para você. Ele quer que você pareça maravilhosa e sinta-se maravilhosa, e você pode fazer isso se tiver em mente que seu corpo é o templo de Deus e o combustível que você coloca nele determina como ele vai funcionar e por quanto tempo.

2. Evite Carboidratos Refinados

Muitas das altíssimas taxas de obesidade dos Estados Unidos e da incidência de doenças cardíacas e derrames relacionados a elas são causadas pela enorme quantidade de carboidratos refinados que comemos. (O resto é consequência da falta de exercício.) Eles vêm principalmente nas formas de farinha branca (pães, bolachas, massas, tortilhas, bolos, biscoitos, *donuts*, doces, pretzels), batata (batatas fritas e batatas *chips*) e açúcar, glicose de milho, e outros adoçantes. Em média, cada um de nós come catorze quilos a mais de açúcar por ano do que há trinta anos, e vinte e nove quilos a mais de grãos (principalmente farinha branca). Dos cento e noventa e dois quilos de "vegetais" que comemos, mais de quarenta e cinco quilos são batatas fritas e batatas *chips*! Se você simplesmente fizer um esforço para evitar esses produtos, e não fizer nada mais, isso fará maravilhas por sua saúde. Vamos simplificar as coisas: faça sempre a opção por salada ou verdura como acompanhamento, em vez das batatas fritas. Não coma o arroz se não for integral, e mude para o pão com multicereais. Nenhuma dessas opções é difícil! O diabetes é que é difícil. As cadeiras de rodas são difíceis. A boa saúde é fácil.

3. Seja Radical no que Diz Respeito a Frutas e Vegetais

Se você tiver um espírito passivo com relação à alimentação, as cadeias de restaurantes e as empacotadoras de alimentos vão lhe empurrar uma porção de grão baratos garganta abaixo. Os vegetais são mais caros que os grãos, e eles estragam, de maneira que são inconvenientes para as indústrias alimentícias, que querem maximizar os lucros. Aquela fatia do meio no Big Mac não está ali em seu benefício! Ela é a forma absolutamente mais barata de fazer com que o sanduíche pareça maior. É o caso da cesta de pães na mesa do restaurante — ela é a forma rápida e barata de satisfazer você. Esses carboidratos baratos não oferecem muita nutrição, mas têm gosto bom, então, se não fizermos o esforço de procurar frutas frescas e vegetais, nosso corpo ficará feliz em comer frituras, pão e açúcar até ficar doente. A melhor defesa é um bom ataque, e quero que você *parta para o ataque*, se é isso que é preciso para conseguir alguma coisa decente para colocar dentro do corpo. Escolha restaurantes e cardápios do jantar pelos vegetais. Adoro restaurantes que oferecem diversas opções de vegetais cozidos no vapor. Use frutas para matar a fome pela raiz. É impossível ganhar peso ou ficar doente por comer frutas ou vegetais demais — o teor de água e de fibra que eles contêm não permite isso — então coma-os com determinação, e pense neles como uma armadura para sua batalha contra os bolinhos deste mundo.

- Certifique-se de comer pelo menos uma fruta ou um vegetal em *qualquer* refeição. (E saiba que ketchup não é um vegetal!)
- Como aperitivo, sirva-se de vegetais crus (brócolis, cenoura, tomate, pimenta) com um molho saudável.

- Faça das frutas sua opção de lanche.
- Fiquei conhecida por entrar em restaurantes *fast-food* armada com frutas, queijo *cottage* e palitos de cenoura. Se minha família quer comer hambúrgueres em uma lanchonete, mas eu não quero lutar contra a tentação, paro em uma mercearia, compro minha comida saudável, e a levo comigo. É radical, mas funciona!

4. Substitua a Gordura Saturada e a Gordura Trans pela Gordura Insaturada

A maneira mais fácil de fazer o risco de doença cardíaca diminuir é comendo menos carne vermelha, laticínios e alimentos processados feitos com óleos hidrogenados, e comer mais peixe, frango, azeite de oliva, nozes e abacate. Isso não quer dizer que você não pode comer um bife de vez em quando, mas quer dizer que você não deve comer manteiga em todas as refeições.

- Coma peixe duas vezes por semana no jantar.
- Coma peito de peru ou sanduíches de atum em lugar de rosbife ou presunto.
- Evite bacon e salsichas.
- Utilize azeite de oliva no pão e nos molhos.
- Acrescente nozes e abacate, em vez de excesso de queijo, nos sanduíches e saladas.

5. Equilibre o Prato

Olhe para um prato tipicamente norte-americano, e o que você vê? Uma enorme pilha de costelas saindo pelas laterais, outra enorme quantidade de purê de batatas, um pão gigantesco e uma pequena porção de salada tentando não ser empurrada para fora do prato. Você pode comer toda essa comida (e o que quer que você mais goste de comer), você só precisa mudar a proporção. Essa salada ou o outro vegetal (ou, respire fundo, *dois* vegetais) deve ocupar a metade do prato, enquanto a carne e o amido devem ocupar um quarto do prato cada um.

• • •

TOME UMA ATITUDE

"Sejam praticantes da Palavra, e não apenas ouvintes".
Tiago 1:22

Escolha pelo menos uma atitude que você pode tomar para comer alimentos mais saudáveis. Anote-a, *comprometa-se com ela*, e comece hoje.

ATITUDE: _____

CHAVE 6

Hidrate Sua Vida

Você é dois terços água, assim como a terra é dois terços água e um terço terra seca. (E o teor salino de seu sangue está impressionantemente próximo ao da água salgada.) Você e todas as criaturas vivas precisam manter esse teor de água. Se ele cair para abaixo do normal, a doença se instala. A água é tão fundamental para nossa existência que a Bíblia a compara à Palavra de Deus. Hidratamos nosso corpo com água natural e nossa alma com a água da Palavra de Deus.

> Para santificá-la, tendo-a purificado pelo lavar da água mediante a palavra, e para apresentá-la a si mesmo como igreja gloriosa, sem mancha nem ruga ou coisa semelhante, mas santa e inculpável.
>
> Efésios 5:26-27

Assim como a água da Palavra de Deus lava nossa alma limpando-a da sujeira espiritual, do mesmo modo a água lava cada uma de nossas células em um líquido que sustenta a vida. É o mesmo líquido contido *dentro* de suas células. As passagens de água do corpo são a maneira pela qual os materiais são transportados para as células e a forma como os resíduos são retirados das células, assim como a água era o principal meio de transporte antes da invenção do automóvel. Sem água, a energia não pode ir dos alimentos para os músculos e o cérebro; os dejetos não podem ser eliminados; os rins não podem funcionar; e o sistema imunológico não pode circular. Você também não pode se resfriar; essas pequenas gotículas de água que são empurradas para fora através da pele na forma suor são o principal meio de se desfazer do excesso de calor. Você pode perder um quarto de água através do suor ao se exercitar muito por uma hora. Se você quiser que suas células funcionem ao máximo — e tudo que fazemos ou pensamos depende do funcionamento das células — então você precisa dar ao corpo água suficiente para que ele execute seu trabalho.

Se não obtivermos toda a água de que necessitamos, as coisas ficam feias. Você pode fazer greve de fome por um mês e não ter problemas além de roupas largas, mas faça greve de água por mais de um dia e as consequências serão graves. A desidratação grave começa com náuseas, enjoo e confusão mental, gerando cãibras musculares, falha dos rins e morte.

Até mesmo uma desidratação leve tem consequências importantes. Quando o nível de água no corpo cai, o sangue tem mais dificuldade em levar combustível e outros nutrientes para as células, de modo que o nível de energia cai. O cérebro não pode funcionar a todo vapor também. Você talvez nem perceba que está com sede, mas a evidência está ali: fadiga, mau humor e baixa concentração. Se isso lembra você todas as tardes, então provavelmente você não está bebendo água suficiente. E se você tentar remediar a fadiga com café ou um refrigerante de cola, é ainda pior: você queima a energia que lhe resta muito mais depressa e fica mais desidratado por causa do café, que é diurético. Você ficaria surpreso ao ver quantas vezes aquele famoso desânimo que sentimos à tarde pode ser solucionado com água.

Deixe a desidratação leve prosseguir por muito tempo e você sofrerá mais. Olhos secos, que coçam; pele seca, que não volta ao lugar quando é puxada; constipação e pedra nos rins. Outros efeitos de longo prazo podem ser ainda mais traiçoeiros. O pai de um amigo estava mostrando sinais do mal de Alzheimer: confusão, esquecimento, e daí por diante. Meu amigo é um homem de oração, e pediu a Deus para mostrar a ele como poderia ajudá-lo. A resposta que ele teve foi que seu pai nunca bebia água! Ele dizia que não gostava do gosto. Então meu amigo convenceu o pai a começar a beber água e, como previsto, os sinais do mal de Alzheimer desapareceram. Isso não significa que a água possa curar o mal de Alzheimer. Significa que a desidratação crônica pode ser uma das causas dos sintomas semelhantes aos dessa doença.

Não dependa da sede para lhe dizer quando você precisa de mais água. A sede nem sempre é confiável, principalmente nos idosos. Você se acostuma a sentir uma série de coisas, nem sempre boas. Não se acostume tanto a sentir sede a ponto de não perceber! Uma funcionária minha trocou outras bebidas por água ao longo do dia e ficou impressionada ao ver o quanto se sentiu melhor. "Se uma pessoa beber mais água, isso pode lhe dar mais sede?", perguntou ela. Quando ela começou a beber água, passou a sentir sede. Seu corpo estava gritando por mais, mais, mais água! Dê a alguém o gosto da liberdade, e ele vai querer mais. Dê a seu corpo sedento o gosto da água boa e pura, e de repente ele percebe o que estava perdendo, e o alarme da sede dispara.

Água e Perda de Peso

Acredite se quiser, beber água a ajuda tremendamente a atingir seus objetivos de perda de peso. Em parte, isso acontece por causa da capacidade da água de acelerar o metabolismo, como mencionei anteriormente. Beba mais água e você irá queimar algumas calorias a mais por hora, independentemente de fazer exercícios. A água também ajuda a encher seu estômago — temporariamente. Mas isso pode fazer a diferença ao diminuir a quantidade de comida que você come e dar a seu corpo um tempo para perceber que está satisfeito antes que você exagere na comida.

Suspeito que o motivo que leva muitas pessoas a beliscarem ao longo do dia seja a desidratação, e não a baixa de energia. Uma vez que a desidratação leve apresenta os sintomas de fadiga e falta de concentração, e não de sede, muitas pessoas confundem essa sensação com fome. Elas acham que estão com "baixa de açúcar no sangue" e que precisam beliscar alguma coisa. Acabam beliscando ao longo do dia, ou bebendo café sem parar, quando tudo que realmente precisam é de um grande copo de água para restaurá-las completamente.

Mas o maior motivo pelo qual a água é uma dádiva dos céus para a perda de peso é porque quando você bebe água, você não está bebendo as outras coisas — refrigerantes, *shakes*, chá gelado, café, bebidas energéticas, e daí por diante. Os norte-americanos bebem mais de quatrocentas calorias em bebidas em um dia comum, e isso soma mais de dezoito quilos de peso extra por ano.

Recentemente visitei uma parenta a quem eu não via havia meses. Ela parecia ótima, e perguntei se havia perdido peso. Ela tinha perdido onze quilos. "Tudo que fiz foi começar a beber muita água", disse. Aí está a dieta mais simples que você pode fazer. Nenhuma alteração nas refeições ou nenhum exercício; simplesmente mude das bebidas calóricas para a água e veja os quilos se derreterem e sumirem. Se você tem a tendência de beber mais de dois copos de refrigerantes ou suco por dia, isso pode facilmente somar de nove a treze quilos por ano. Você jamais encontrará uma maneira mais fácil de melhorar a saúde e a linha da cintura do que cortando essas bebidas desnecessárias da dieta.

A princípio, isso pode parecer difícil. A boa água é deliciosa, mas as papilas gustativas embotadas pelo açúcar têm dificuldade em apreciá-la. Se você está acostumada a sentir o gosto do açúcar em cada gole, no início parecerá que alguma coisa está faltando. As papilas gustativas precisam de algum tempo para se readaptarem. Mas elas se readaptarão! Depois de algumas semanas, você estará do outro lado da cerca: a água terá um gosto ótimo, e essas bebidas açucaradas terão um gosto terrível. Você se perguntará como podia beber algo tão doce. A água tem um gosto muito mais refrescante para mim do que qualquer outra coisa. Não bebo água simplesmente porque sei que é bom para mim. Bebo água porque gosto dela, e porque ela me faz sentir bem.

De quanta água você precisa? Uma fórmula conhecida é pegar seu peso, dividir por dois, e tomar esse volume de líquido por dia. Um copo contém 200 ml, então, se você pesa 58 kg, você deve beber vinte e nove copos de água por dia. Se você pesa 72 kg, você deve beber trinta e seis copos. Nem toda essa quantidade precisa vir da água. Outros líquidos também contam, inclusive a água que você obtém das frutas e dos vegetais.

E Quanto à Cafeína?

Anos atrás, cortei a cafeína de minha vida. Essa foi uma das coisas mais difíceis que fiz. Eu amava meu cafezinho. Não havia nada que eu apreciasse mais do que acordar cedo e passar um tempo a sós com o Senhor com uma xícara de café quente e fresco. Mas finalmente tive de aceitar o fato de que o café não estava mais de acordo com meu organismo. Fiz tudo que pude para continuar a ingerir cafeína! Diminuí gradualmente a quantidade de café que tomava regularmente e comecei a substituí-lo pelo descafeinado. Ele não tinha o mesmo sabor, e meu organismo ainda não estava bem. Pelo fato de meu corpo estar muito estressado, foi necessário cortar a cafeína inteiramente por algum tempo. Passei para o descafeinado de uma vez. O café perdeu muito de seu brilho para mim.

Mas nos últimos anos, mudei a situação. Estou mais saudável agora e aprendi que a cafeína por si só não é necessariamente um problema. As bebidas cafeinadas, como o café, o chá e o refrigerante, são simplesmente estresse colocado em uma xícara. A cafeína faz com que ocorram em seu corpo todas as mudanças clássicas de uma reação a qualquer estresse físico ou mental: os batimentos cardíacos aceleram, a respiração, idem; os sentidos ficam mais aguçados e o cérebro ganha velocidade. Isso dá uma sensação boa, assim como muitos outros tensores suaves, como o exercício, os brinquedos dos parques de diversão, a até o ato de se apaixonar! Como explicarei no capítulo sobre estresse, só quando o estresse fica fora de controle em nossa vida é que ele se torna um problema e gera doenças, insônia e envelhecimento prematuro. Nosso corpo foi criado para ser capaz de lidar com uma quantidade normal de estresse, mas infelizmente, no século XXI, o estresse está fora de controle na vida da maioria de nós.

Foi isso que aconteceu comigo. Eu estava me tornando uma pessoa áspera, meu organismo estava dia e noite em intensa atividade e produtividade, e o café só acrescentava mais combustível ao fogo. Então, tive de cortá-lo. Mas quando efetuei as mudanças de estilo de vida para reduzir meu estresse para níveis normais, descobri, para minha grande alegria, que podia tomar uma pequena xícara café todo dia sem nenhuma repercussão. Agora desfruto uma xícara de *cappuccino* de manhã e outra à tarde. Isso me anima só quando preciso, e tenho o cuidado de evitar excessos nessa área.

Você ficará satisfeita em ouvir que os nutricionistas dão permissão à cafeína quanto à saúde. Em doses moderadas, ela não gera problemas. (Estudos anteriores ligavam a cafeína a uma série de problemas de saúde, mas ficou provado que era porque muitas pessoas que a ingeriam também fumavam, e o fumo era a causa desses problemas.) A cafeína até ajuda a reduzir as chances de desenvolver pedras nos rins, cálculos biliares e depressão. O mais impressionante é que um grande estudo feito em 2005 descobriu que o café é, de longe, a maior fonte de antioxidantes dos norte-americanos! Tomar muitas xícaras por dia, porém, causa os sintomas clássicos do estresse elevado — insônia, ansiedade, tremores e problemas digestivos — e pode contribuir para a osteoporose. Ele também vicia; parar abruptamente lhe dará uma dor de cabeça terrível. Fique com duas xícaras ou menos ao dia e você não terá preocupações.

Outras Bebidas

Qualquer coisa que você beba tem valor para sua contagem de ingestão de líquidos — mas muitas coisas vêm com um golpe calórico ruim e desnecessário. Eis as calorias que existem em algumas ofertas comuns das lojas de conveniência:

Suco de uva (473 ml)	280 Kcal
Leite (473 ml)	220 Kcal
Refrigerante de cola (473 ml)	200 Kcal
Chá gelado (473 ml)	160 Kcal

Algumas dessas bebidas realmente possuem um valor que faz com que compense ingeri-las. Os sucos de frutas (se forem frescos e 100% puros) têm vitaminas. O leite tem vitaminas e proteínas. O leite desnatado é uma excelente bebida; o leite integral é muito rico em gordura saturada. Os refrigerantes, os chás açucarados e as "bebidas energéticas" são apenas água com açúcar disfarçada.

Felizmente, toda loja de conveniências e supermercado também tem água engarrafada para vender, e água gaseificada para aqueles que querem avivar um pouco mais as coisas. Também há bebidas dietéticas. Essas não têm calorias, e são uma opção melhor que os refrigerantes comuns ou o chá açucarado. Se elas a ajudarem a sair do vício em açúcar, então são benéficas. Mas as preocupações quanto à saúde aumentaram no tocante a alguns adoçantes artificiais. A nova geração parece estar mais segura, mas não foi feito nenhum estudo em longo prazo com humanos porque os adoçantes são muito recentes. E alguma coisa parece suspeita em se introduzir novos produtos químicos criados pelo homem como alimentos que nenhum corpo humano consumiu antes. Você também nunca conseguirá despertar as papilas gustativas do adormecimento açucarado dessas bebidas se continuar mantendo-as viciadas em refrigerantes dietéticos. Pessoalmente, prefiro aderir às bebidas que têm uma tradição de segurança: água, água gaseificada, café, chá de ervas e um suco de frutas ocasional.

Cinco Maneiras de Permanecer Hidratada

1. Faça com que a Água Tenha um Gosto Bom

Tomar água não deve ser uma tortura para você, por isso a água deve ser agradável e sem sujeira. Faça o que tiver de fazer para tornar a tarefa de beber água algo que você espera com ansiedade; essa é a única maneira de você saber que continuará fazendo isso. Eis algumas ideias:

- Use sempre um filtro
- Compre água engarrafada
- Esprema uma banda de limão ou de lima em cada copo
- Faça chá de ervas gelado
- Café descafeinado e chá são boas opções, embora não tenham um gosto muito bom
- Como último recurso, existem novas linhas de água com sabores disponíveis que são ligeiramente adoçadas. Com apenas um punhado de calorias por copo, elas constituem uma boa "ponte" na transição das bebidas açucaradas para a água.

2. Leve Água para Todos os Lugares

Você pode lembrar a si mesma de que precisa beber mais água, mas se ela não estiver à mão você não fará isso. Garantir que a água esteja sempre à mão fará muito no sentido de estabelecer esse novo hábito. Levo água comigo para toda parte — reuniões de negócios, igreja, viagens de carro etc. Na maior parte do tempo, estou com sede de água. Então, bebo água o dia inteiro. Isso porque beber água me faz estar consciente de como me sinto melhor quando estou plenamente hidratada, e meu corpo fica ansioso para continuar assim. Mantenha garrafas de água no carro, em casa e no escritório, para que você não tenha nem mesmo de pensar antes de pegá-la. E quando você for a um restaurante e o garçom colocar água em seu copo, beba-a! Por que pedir outra bebida da qual você não precisa?

Quando estou na estrada, ministrando, levo dois suportes para garrafas de água — um prateado e um dourado! Assim posso combiná-lo com qualquer roupa, ficar na moda e garantir que terei água comigo o tempo todo.

3. Faça Com Que a Água Chame Você

Se você acha difícil se lembrar de beber um copo de água a cada duas horas, deixe que a tecnologia resolva o problema: programe seu telefone celular para tocar a cada hora como um lembrete para a água! Essa é uma ação drástica para garantir que a água não esteja "longe dos olhos, longe do coração". Eis algumas outras dicas:

- Encha uma jarra com água gelada de manhã, em casa ou no trabalho, onde quer que você passe o dia, e mantenha-a diante de você como um lembrete para beber água. Você poderá dizer se está falhando ao longo do dia.
- Mantenha um controle da água que você bebe a cada dia. É fácil perder o controle!
- Faça do ato de beber água um ritual. Relacione-o a momentos específicos ao longo do dia como uma forma de ter um lembrete natural. A maneira mais fácil é provavelmente durante as refeições. Beba um copo de água no início de cada refeição. Você terá certeza de estar ingerindo água, e provavelmente ainda terá o bônus de comer menos. Beber um copo de água logo ao acordar é excelente para acionar o metabolismo. Logo antes de dormir não é tão bom, porque pode impedir que você durma a noite toda.

4. Coma Frutas Todos os Dias

As frutas podem conter oitenta por cento de água ou mais, por isso, se você comer vários pedaços de frutas por dia (como deve), você obterá um copo a mais de água. Alguns vegetais também são ricos em teor de água. Você certamente não poderá contar que obterá todas as suas necessidades de líquido por meio da comida, mas tudo isso conta.

5. Instale Refrigeradores de Água

Estudos comprovaram que se as pessoas virem os refrigeradores de água, elas terão maior probabilidade de beber água do que se tiverem de ir buscar um copo de água na geladeira. O refrigerador de água funciona como uma sugestão sutil, e as pessoas confiam no fato de que obterão uma água saborosa a partir dele. Se em seu escritório não existe um refrigerador de água, sugira que instalem um. Você estará melhorando a saúde de todos no ambiente. Em casa, eles também funcionam excepcionalmente bem.

• • •

TOME UMA ATITUDE

"Sejam praticantes da Palavra, e não apenas ouvintes".
Tiago 1:22

Escolha pelo menos uma atitude que você pode tomar para beber mais água todos os dias. Anote-a, *comprometa-se com ela*, e comece hoje.

ATITUDE: _____

CHAVE 7

Alimente-se com Atenção

Veja se algo do que vamos mencionar lhe soa familiar.

Toda vez que você tira uma guloseima do refrigerador para seus filhos, você tira um pedaço e come. Meio pedaço de queijo, uma fatia de presunto, ou uma colher de manteiga de amendoim.

Você não tem a intenção de comer o bolo que assou, mas lambe a tigela da batedeira e as pás até ficarem limpas.

Você compra um bolinho todo dia no supermercado, mas joga fora a metade para "economizar calorias".

Você não pede sobremesa porque está de dieta, mas pede a seu marido várias colheres da dele.

Você compra minibarras de chocolate recheadas, esconde-as, e come só uma por dia, dizendo a si mesma que se elas são "mini", e não contam.

Isso lhe faz lembrar alguma coisa? Tudo isso são maus hábitos que eu tinha no passado, por descuido. Minha mente consciente me dizia que eu comia de forma responsável, e se você visse minhas três principais refeições, eu realmente fazia isso. Mas havia uma série de extras que eu comia todos os dias sem ter a menor consciência disso. Eu comia as sobras das crianças. Provava a comida enquanto cozinhava. Saqueava a sobremesa de meu marido.

E aquelas minibarras de chocolate recheadas! Elas eram tão pequenas que eu achava que podiam ser ignoradas. Cada uma delas continha apenas 100 calorias, o que não parece muito, mas eu comia uma todos os dias. Pegue qualquer alimento que você come todos os dias, divida o número de calorias por vinte, e o resultado é a quantidade de quilos a mais que você engorda em um ano. Aquela barra de chocolate recheada do tamanho de uma mordida estava me acrescentando cinco quilos por ano! Quando percebi isso, parei imediatamente. Não valia a pena ter dois segundos de prazer em troca de culpa constante e ganho de peso.

Decisões de qualidade precisam ser tomadas se quisermos assumir o controle de nosso corpo. Fiquei livre dos maus hábitos alimentares assumindo o compromisso de que cada pedaço de alimento que eu colocasse em minha boca seria uma decisão consciente. Isso é mais difícil do que parece. Um número chocante das calorias que consumimos todos os dias vem independentemente da fome. Você sabe como é. A caixa de bombom ou o bolo de aniversário no escritório. O refrigerante ou o chá gelado no carro enquanto você dirige. E o clássico: quando você assiste à TV à noite, você tem sempre "uma coisinha" para manter as mãos e a boca ocupadas? Batatas *chips*? Sorvete? A maioria de nós faz isso, mesmo que sejam as "honestas" 100 calorias das uvas.

Você diz que tem uma força de vontade de ferro e que nunca consome uma caloria enquanto dirige, no escritório, ou assistindo à TV. Você acha que conseguiu "se livrar" no quesito comer de forma descuidada? Não necessariamente. "O segundo prato" pode representar sua queda. Você limpa o prato e automaticamente enche-o de novo, e se as travessas estiverem na mesa, fica ainda mais fácil. Se você está na casa de uma amiga ou de parentes, certamente lhe oferecerão mais — e seria grosseiro recusar, não é mesmo? Muitas pessoas consideram o segundo prato uma parte automática do jantar, e nunca param para decidir se ainda estão com fome ou não.

E também há os restaurantes. Eles não oferecem um segundo prato; fazem algo ainda mais sorrateiro. Eles servem porções tão imensas que o primeiro prato, na verdade, é o primeiro e o segundo combinados. Pense no tamanho dos hambúrgueres que comemos nos *fast-food* de hoje, comparados aos pequenos cheeseburguers de quando éramos crianças. Ou nas refeições individuais de massa que costumávamos comer fora, comparadas aos "rodízios de massa" que os restaurantes servem hoje em dia. E isso já se tornou normal em qualquer restaurante de massas!

Como foi que toda essa arte de comer descuidadamente aconteceu? Será que somos todos simplesmente um fracasso moral? Tão fracos que não conseguimos controlar nossa glutonaria?

Não penso assim. Vivemos em um novo tempo. Nunca antes na história humana tanta comida esteve disponível a preços tão baixos o tempo todo. Paramos para colocar gasolina, e ali está a comida. Vamos trabalhar, e ali está a comida. Paramos em um supermercado, e ali está a comida. Há comida na sala, na escrivaninha e nas gavetas. Há comida nos aviões, nos hotéis e nas salas de conferências. Há comida na praia, nas feiras, no cinema. Há máquinas de guloseimas em todas as escolas.

Satanás é especialista em tentações, e ele está fazendo um trabalho extremamente bom em colocar tentações em cada esquina. A maioria de nós é forte o bastante para resistir a tentações ocasionais, mas poucos possuem a força de vontade heroica necessária para resistir constantemente. Parte do problema é que quando vemos comida por todos os lugares à nossa volta, e outras pessoas comendo, nosso contexto muda. Parece normal estar mastigando alguma coisa como todo mundo. A garota no caixa do *fast-food* pergunta se gostaríamos de experimentar uma torta de maçã com nosso lanche (e tem problemas se esquecer de perguntar). Que boa ideia!

Certa vez, meu marido Dave e eu estávamos em uma viagem de negócios com um homem que estava treze ou dezoito quilos acima do peso, e estava sempre à procura do que poderia colocar na boca em seguida. Ele também não precisava ir muito além; a comida era oferecida a ele ao longo do dia, e ele sempre aceitava. O hotel coloca chocolates nos travesseiros de cada quarto, e ele instantaneamente colocou alguns chocolates na boca e assegurou-se de colocar o resto nos bolsos. Ele praticamente esvaziou a tigela de balas de hortelã do saguão do hotel. Todas as vezes que passávamos por uma cafeteria, ele entrava e saía com alguma bebida espumante cheia de chocolate e *chantilly*. Que eu tenha notado, aquele homem dava pouca importância a tudo isso. Ele apenas via a comida e estendia a mão para pegá-la, como uma criança.

Precisamos estar atentos a esse constante sussurro que nos diz para comer, comer, comer. Como expliquei na Chave 1, poucos de nós podem fazer isso somente pela força de vontade, de modo que precisamos clamar a Deus para que Ele nos ajude a sermos cuidadosos em todo o tempo. Uma alimentação atenta pode ser tão importante para parecermos maravilhosas e nos sentirmos maravilhosas quanto comer os alimentos certos.

O que é alimentação atenta? É simplesmente estar presente — realmente presente — sempre que optar por colocar comida ou bebida na boca. Significa perguntar a si mesmo: Estou *com fome? Realmente quero isto?* Uma das perguntas mais reveladoras a se fazer é: *Isto pelo menos é gostoso?* Você pode se surpreender ao ver com que frequência dirá "não" a alguns alimentos que estava prestes a colocar na boca.

Isto é gostoso? Essa pergunta também pode livrá-la de comer demais. Na próxima vez que comer, digamos, sorvete, fique superatenta a essa experiência. A primeira colher vai levá-la aos céus. Poucas experiências na vida podem competir com a primeira lambida em um sorvete de casquinha! A segunda também é muito boa, embora o cérebro não sinta o mesmo êxtase de prazer. Mas observe o que acontece quando se está na metade da casquinha: você percebe que mal está sentindo o sabor. Você se acostumou com aquilo, e tudo o que consegue perceber então é um gosto doce em geral. Até então, o instinto de comer foi acionado e você está engolindo o mais depressa que pode, quer tenha dor de cabeça por causa do gelo ou não. A essa altura, um comedor realmente atento joga o resto da casquinha fora. Você já teve o prazer que queria, e já não está sentindo muito o gosto; isso não é bom para você, então, por que comer?

Isso não se aplica somente a sorvete. O sabor de qualquer alimento começa a desaparecer depois que nos acostumamos a ele. Desenvolva o hábito de deixar o prato meio cheio e você ficará muito melhor do que se limpar o prato automaticamente. Sei que existem crianças famintas no mundo, mas não vejo como me entupir e ficar acima do peso possa ajudá-las. Quando você tiver o controle das porções, não se sirva de mais do que o necessário. Se estiver em um restaurante onde as porções sejam enormes, divida a refeição com outra pessoa ou deixe um pouco no prato.

E por falar em fome, é hora de nos ligarmos novamente a essa ideia. Se alguém lhe perguntasse: "Por que você come?", você provavelmente responderia: "Porque estou com fome", mas é impressionante a frequência com que isso é verdade. A maioria de nós somos comedores pelo relógio: tomamos o café da manhã, almoçamos e jantamos todos os dias, mais ou menos à mesma hora, independentemente de termos fome ou não. Então, temos aquelas dicas externas, como o cheiro sedutor dos bolinhos no quiosque de um aeroporto que praticamente não se pode recusar. Mas eles precisam ser recusados! Afinal, quem está no controle? Sua mente ou o bolinho? A Bíblia recomenda em Romanos 13:14 que não fiquemos premeditando como satisfazer os desejos da carne e que coloquemos um ponto final nesses pensamentos.

Meu marido cresceu em uma família que mal tinha o suficiente para se sustentar; ninguém desperdiçava comida. Quando adulto, ele se sentia obrigado não só a limpar o prato, mas também o prato de todos os filhos. À medida que foi ficando um pouco mais velho, observou que estava ganhando peso e percebeu que tinha de parar de comer só porque a comida estava ali. Em vez de comer demais para não desperdiçar comida, devemos nos esforçar para preparar somente o que sabemos que vamos comer.

Se você começar a estar realmente presente quando come, e prestar atenção em quantas vezes você é tentada a colocar algo na boca só porque está ali à sua frente, você começará a detectar todos os impulsos inconscientes que seu corpo tem em reação à comida, e aprenderá a controlá-los. Você também se tornará muito melhor em saber exatamente o que comeu em dado momento durante o dia, e será capaz de planejar, antecipadamente, o que pode melhorar drasticamente sua capacidade de comer de forma sensata.

Por exemplo, enquanto escrevo, é meio-dia e sei o que ingeri até agora:

1 *cappuccino*
1/3 de um biscoito de limão
1 tigela pequena de cereais integrais com frutas e 25 ml de leite
2 bolachas de arroz
1 nectarina
aproximadamente ½ litro de água

Mais tarde, pretendo comer:
½ hambúrguer de filé com ¼ de pão
verduras
cappuccino

Para o lanche da noite, provavelmente comerei uma barra doce dos Vigilantes do Peso, da qual realmente gosto muito. Tem apenas oito calorias. Provavelmente comerei também um punhado de uma espécie de bolachas salgadas com a barrinha, porque gosto da combinação de sal e doce. No entanto, se formos ao cinema, sei que vou querer comer meia caixa de pipoca, então, nesse caso, vou abrir mão da barrinha e das bolachas depois do jantar.

Caso eu fique com fome em algum momento do dia, comerei frutas.

Para mim, um desafio em particular tem sido aprender a recusar comida educadamente quando me oferecem. Quando você é um pregador e passa muito tempo visitando outras igrejas, depois do culto as pessoas nos convidam para uma refeição caseira. Para elas, essa é uma ocasião especial para comemorar. Para mim, torna-se um problema diário.

Anos atrás, meu marido Dave e eu decidimos que quando fôssemos a algum lugar ministrar, não comeríamos com as pessoas depois do culto. Se continuássemos a fazer isso, acabaríamos tendo muitas refeições pesadas, preparadas para uma comemoração, com diversos pratos. Tudo tem um gosto maravilhoso, naturalmente, e somos gratos pela gentileza, mas agora agradecemos educadamente. Essa é uma arte a ser aprendida. Você não está sendo rude por recusar alguma coisa de que não necessita. Não faça as coisas por obrigação — principalmente na área da alimentação!

Não Desanime

Assim como qualquer outra coisa, a alimentação atenta é uma arte que requer prática para ser aperfeiçoada. Quanto mais você fizer isso, melhor ficará, mas haverá algumas lombadas ao longo do caminho. Não importa o quanto sejamos disciplinados, todos nós tropeçamos de vez em quando. Há vários meses, comecei a comer manteiga de amendoim natural, recém-moída, algo que absolutamente adoro. É um alimento integral com uma ótima combinação de proteínas, gorduras saudáveis, e um ótimo gosto — mas é rica em calorias. Comecei a comer apenas duas bolachas integrais com *um pouco* de manteiga de amendoim todas as noites. Então, as duas se transformaram em três, e finalmente eu estava comendo uma dúzia de bolachas com *muita* manteiga de amendoim, e tomando leite com elas. Depois de cerca de seis semanas percebi que minhas roupas estavam muito apertadas. Para meu espanto, descobri que tinha engordado três quilos e percebi imediatamente que a culpada era da manteiga de amendoim. O que aconteceu? Eu fui descuidada. Eu não estava prestando atenção no que comia, então continuei comendo cada vez mais descuidadamente, até que as circunstâncias me despertaram.

Mas eu não desanimei. Cortei a manteiga de amendoim totalmente, e os três quilos extras desapareceram. Agora só como manteiga de amendoim ocasionalmente, e quando faço isso me limito a duas bolachas.

Uma mulher que conheço bebia um copo de leite toda noite antes de dormir durante anos. Ela não precisava daquele leite; ela apenas havia se acostumado com aquilo. Quando finalmente rompeu com aquele hábito, ela perdeu cinco quilos.

Se continuar trabalhando no sentido de se alimentar com atenção, você se aperfeiçoará nisso, e cairá menos em tentação. Mas você vai escorregar de vez em quando, por isso não se condene quando isso acontecer.

Cinco Maneiras de Ser Alguém que Come com Atenção

1. Preste Atenção à Maneira Como Você se Sente Depois

Eu costumava pensar que um prato grande de massa era uma de minhas refeições favoritas. E certamente eu gostava enquanto estava comendo. Mas cerca de vinte minutos depois, uma sonolência avassaladora tomava conta de mim. Eu não tinha energia para trabalhar e me sentia totalmente mal-humorada. Eu não me recuperava até muito mais tarde. Levei *anos* para relacionar isso com a massa. Agora sei que comer massas ou outros amidos com pouca ou nenhuma proteína me derruba por horas.

A mesma coisa aconteceu comigo com relação à pipoca. Quando vou ao cinema, adoro comer pipoca e doce. É ótimo quando você está comendo, mas finalmente percebi que depois daquela injeção de pipoca e doce, eu me sentia péssima no dia seguinte. Eu me sentia extremamente cansada e deprimida. Então aprendi a comer muita proteína no dia em que pretendo ir ao cinema, a comer menos de uma maneira geral e guardar um pouco de espaço, e a comer apenas meio pacote de pipoca e talvez uns dez doces tipo confete ou M&M. Assim, eu me divirto e me sinto bem no dia seguinte.

Quantos de seus "momentos de mal-estar" estão relacionados à comida ruim que você comeu no dia anterior ou na noite passada? Devem ser muitos! Nossos dias são muito preciosos para serem desperdiçados nos sentindo mal, portanto, se você está presa nessa armadilha, você precisa tomar uma atitude. A comida não tem a ver apenas com a gratificação imediata quando a batata *chips* toca a língua; ela deve lhe fornecer combustível, energia e uma sensação de bem-estar ao longo de seus dias e de sua vida.

A comida de baixo valor nutritivo, que conhecemos como *junk food*, só existe porque as pessoas não percebem a relação entre o que elas comem e a maneira como se sentem. Quando você se aperfeiçoar em estar atenta a isso, ficará surpresa em ver como seus hábitos alimentares mudarão. Na verdade, você se sentirá atraída por saladas e outros alimentos saudáveis, porque passará a associá-los com as sensações agradáveis que eles lhe oferecem. E as batatas *chips* e os biscoitos poderão começar a ter um gosto péssimo à medida que você ficar ciente instantaneamente da péssima reação de seu corpo e eles.

Às vezes, minha carne tem desejo de comer um hambúrguer grande e gorduroso com todos os complementos. Mas eu não tenho de ceder ao desejo da carne. Um minuto de reflexão sobre toda essa experiência — a sensação imediata do sabor, a gordura e a sensação de enjoo depois — me ajuda a entender que há muito mais prazer de uma maneira geral em um sanduíche de peru com pão integral.

2. Dê Graças

Agradecer a Deus pela abundância de sua mesa é a melhor maneira que conheço de entrar imediatamente em um relacionamento mais saudável com sua comida. Se você tem tendência a comer demais, peça a Deus para ajudá-la naquela refeição a permanecer dentro de Sua perfeita vontade. Deus quer que você aprecie o que come, e o verdadeiro contentamento não significa comer tanto a ponto de passar as próximas horas se sentindo enjoada e culpada. Entenda que esta refeição não é a última que você fará. Haverá muitas outras refeições em sua vida, portanto agradeça a Deus, desfrute sua comida, faça boas escolhas, e pare assim que se sentir satisfeita.

Outro truque para lembrar que a comida é mais do que o gosto, é dizer a si mesma que você está comendo por dois. Muitas mulheres mudam para dietas mais saudáveis quando engravidam. Elas podiam ludibriar a si mesmas na área nutricional, mas não a seus bebês! Bem, você também está comendo por dois. Uma vez que seu corpo é o templo do Espírito Santo, e você se mantém saudável para que Deus possa agir através de você neste mundo, você pode perceber como é importante manter o "vaso" de Deus saudável. Não ludibrie o Senhor!

(E por falar nisso, se você estiver grávida, coma por dois, e não por três ou quatro! Não use a gravidez como uma licença para virar uma porquinha, nem suponha que todo o peso desaparecerá depois que você der à luz. Isso não vai acontecer. Muitas mulheres ganham peso demais quando estão grávidas, têm dificuldade em perder esse peso, e literalmente brigam com a balança pelo resto da vida. As mulheres grávidas devem ganhar cerca de treze quilos até o momento do parto. Tente ficar ligada em sua fome. Às vezes você terá uma fome de leoa, e quando isso acontecer, coma e aprecie sua comida. Mas não pense que pode comer, comer e comer o tempo todo.)

3. Não Execute Várias Tarefas Enquanto Come

Quando você comer... coma. Quando você trabalhar... trabalhe. Quando assistir à TV, não tire os doces do armário. Você apreciará muito mais a vida se fizer uma coisa de cada vez e tiver toda a atenção voltada para isso. E quando você estiver distraído com alguma coisa como a televisão ou o trabalho, suas sensações naturais são paralisadas e é muito mais provável que você continue se empanturrando de comida sem perceber. Muitas pessoas estão tão acostumadas a ter comida por perto, que passam a pensar nela como se fosse um som de fundo. Se elas estiverem trabalhando em sua mesa e não estiverem beliscando um saco de jujubas, parece que alguma coisa está errada.

É essencial quebrar esse hábito. Centenas ou mesmo milhares de calorias por dia podem estar entrando, e você tem pouco prazer em troca. Garanta que quando você está comendo você possa realmente desfrutar isso, do contrário, pare. Por exemplo, quando pego um saco de pipocas no cinema, admito que estou fazendo duas coisas ao mesmo tempo — ei, ninguém é perfeito! —, mas pego apenas um pouco, e realmente desfruto aquilo. Estou *muito consciente* de que estou comendo pipoca (e reservei espaço durante o dia para uma quantidade determinada). Não como pipoca somente porque "é isso que as pessoas fazem no cinema", nem vou comendo descuidadamente enquanto assisto ao filme. Também costumo ir ao cinema raramente, de tal forma que a relação cinema/pipoca é realmente um prazer para mim.

4. Desacelere

Como expliquei na "Chave 5: Alimente-se de Forma Balanceada", leva cerca de vinte minutos para a comida que você come passar pelo estômago e chegar ao intestino delgado, o qual detecta o alimento e envia mensagens de saciedade para o cérebro. Mas se você estiver com o saco de comida amarrado no pescoço, quando essas mensagens forem enviadas pelo intestino delgado, será tarde demais; já haverá muito mais comida no tubo digestivo, e você estará dolorosamente empanturrada. Desacelere e dê mais tempo ao corpo para lhe mandar parar. Eis algumas dicas:

- Mastigue bem a comida
- Engula uma porção antes de pegar outra com o garfo
- Faça várias refeições em vez de comer um prato enorme e cheio
- Converse relaxadamente com os amigos e a família enquanto come, mas nunca discuta nada tenso ou angustiante
- Coma a salada primeiro. Quando você chegar ao prato principal, mais rico em calorias, não estará esfomeado.
- Não se permita ficar com muita fome. Quando estamos esfomeados, é difícil não exagerar na comida.

5. Desligue o Detector de "Pechinchas"

Todos nós, mas principalmente os norte-americanos, nos tornamos incrivelmente hábeis em fazer bons negócios. O tubo enorme de nozes por dois dólares. O fim de semana em Cancun por menos de duzentos dólares. Mas quando começamos a pensar como compradores de pechinchas com relação à nossa comida, temos problemas. Vou lhe dizer claramente e em bom som: restaurantes e self-services onde podemos nos servir e comer à vontade por um único preço não estão nos fazendo nenhum favor! Eles lhe dão a noção de que quanto mais você comer pelo mesmo preço, melhor o negócio. Mas quando você come além do que precisa, o único negócio que você recebe é um preço barato para o diabetes e as doenças cardiovasculares. As porções dos restaurantes em geral já são mais do que você precisa, então, tudo que você puder comer é realmente obsceno. O mesmo acontece com as refeições de *fast-food* tamanho GRANDE. Não acredito que alguém sinta necessidade de comer mais depois de consumir um hambúrguer com fritas do tamanho regular, então por que pedir tamanho grande, mesmo que seja apenas por mais trinta e nove centavos?

Dave e eu costumamos dividir as refeições nos restaurantes. Com sopa ou salada, uma entrada geralmente é suficiente para nós dois, e deixa espaço suficiente para de vez em quando dividirmos uma sobremesa. Fazemos uma refeição com sobremesa por um preço acessível também!

Comprar lanches "tamanho família" também podem lhe gerar problemas. Se você comer uma porção normal e congelar o resto da embalagem (ou se tiver uma família grande para alimentar), ótimo. Mas se acabar comendo mais do que comeria normalmente, ou se retirar as sobras da geladeira para comer "antes que estraguem", então o bom negócio não valeu a pena. Você é o que come, e se "maior é melhor" não se aplica a você, então não se aplica à sua comida também.

E não caia no clássico erro de comprar refrigerantes ou sucos em vez de uma garrafa de água em lojas de conveniência porque "em casa tenho água grátis". Sua escolha é entre o valor de um dólar em saúde e perda de peso ou o valor de um dólar em diabetes. Pode ser frustrante pagar um dólar por uma garrafa de água em um posto de gasolina quando você pode ter água gratuitamente em casa, mas você *não* está em casa. E se essa garrafa de água impedir que você consuma refrigerantes, sucos, chá açucarado ou águas com sabor dos quais você não precisa, então esse dinheiro será um dos mais inteligentes que você poderá gastar.

• • •

TOME UMA ATITUDE

"Sejam praticantes da Palavra, e não apenas ouvintes".
Tiago 1:22

Escolha pelo menos uma atitude que você pode tomar para comer de forma mais atenta. Anote-a, *comprometa-se com ela*, e comece hoje.

ATITUDE: _____

CHAVE 8

Contenha Sua Fome Espiritual

Existem algumas coisas na vida que não podemos controlar, e algumas dessas coisas geram dor. As doenças ou os ferimentos geram dor física. Outras pessoas podem dizer ou fazer coisas cruéis que geram dor emocional. E, às vezes, não é necessário que nenhuma pessoa seja usada; as circunstâncias podem nos fazer mal e gerar muita dor e sofrimento. Nem todos esses acontecimentos são necessariamente traumáticos. Muitos pequenos sofrimentos em nossa vida podem se acumular dando origem a um estado geral de tristeza ou de desespero moderado. Às vezes, a simples falta de estímulo ou de pessoas queridas em nossa vida pode contribuir para o tédio e a solidão, o que pode ser um dos mais difíceis sofrimentos emocionais de se suportar.

Não seria bom se pudéssemos controlar as pessoas e as circunstâncias de nossa vida e evitar totalmente a dor? Esse é um desejo natural; ninguém gosta de sofrer. Infelizmente, nenhum de nós tem esse controle. Todos nós temos de viver a vida que temos, e por meio de um relacionamento pessoal com Jesus Cristo podemos desfrutar nossa vida quer as nossas circunstâncias nos agradem ou não.

Mesmo que não possamos controlar as circunstâncias, uma coisa sobre a qual temos controle é aquilo que colocamos dentro de nosso corpo. E não há como negar que muitas dessas coisas nos dão prazer. Todas as vezes que coloco um morango na boca, sinto um pequeno toque de prazer. Uma bebida fresca em um dia quente pode ser pura alegria.

Estou certa de que você não precisa que eu a convença dos perigos do fumo, ou do preço terrível do vício em drogas e álcool. Todos nós estamos conscientes de que essas substâncias são atalhos para o prazer. Quando você não tem contentamento interior, fica fácil demais ir em busca do prazer mais rápido que esses vícios proporcionam — mesmo que esse prazer tenha vida curta e venha acompanhado de dor crônica, sofrimento e da doença do vício.

Mas as pessoas não estão tão conscientes de que a comida pode exercer o mesmo papel. Se eu me sinto deprimida e como aquele morango, sinto-me melhor por um instante. Não por muito tempo — a sensação boa dura só um instante depois que engulo o morango —, mas felizmente há outro morango depois daquele. E outro depois daquele. E mesmo que os morangos se acabem, e a minha depressão volte, há aquele pote de sorvete no congelador exatamente para essas emergências. Quando o sorvete acaba, há o bolo de chocolate ou a torta. Quando nos voltamos para a comida como consolo, estabelecemos um padrão que não é nada saudável e é até perigoso — e ainda nos deixa sem o consolo que buscamos.

O vício em comida é fácil, porque a comida não vem com os mesmos estigmas dos cigarros ou das drogas. Diferentemente desses vícios, a comida tem um papel legítimo — e até essencial — na saúde. Só quando ela escorrega para o uso exagerado é que se torna um problema. Mas é tão fácil chegar a esse ponto! A comida é confiável. Diferentemente dos cônjuges, dos amigos ou das condições do tempo, ela está *sempre* ali. Mas esse é o problema. Todas as vezes que nos sentimos espiritualmente vazios, seja por causa da tristeza, da depressão ou do tédio, é fácil procurar comida para preencher esse vazio. Logo, confundimos fome espiritual com fome física, e a comida se torna imediatamente a resposta para qualquer queda no bem-estar.

Você sabe aonde isso vai levá-la. Quanto mais você tentar tratar seus anseios espirituais com comida ou com outros estímulos para se sentir bem, maior será o clamor de sua alma por alimento espiritual. Maior será seu desconforto.

Felizmente, há outra fonte de consolo que está sempre presente quando você precisa dela. Diferentemente da comida ruim ou das drogas, ela não a deixa acima do peso, doente ou letárgica. E é grátis. Essa fonte é Deus. Ele é chamado de "Pai das misericórdias e Deus de toda consolação, que nos consola em todas as nossas tribulações" (2 Coríntios 1:3-4).

Quando estou sofrendo, aprendi a correr primeiro para Deus, em vez de correr para outra pessoa ou para outra substância. Não estou dizendo isso automaticamente. Levei anos para entender isso, e às vezes ainda tenho de me lembrar que o que realmente preciso é de alimento espiritual. Aprender esse hábito fará mais para manter seu corpo e sua mente saudáveis e sua vida estável do que qualquer outra coisa que conheço. O espírito precisa de alimento assim como o corpo. Não espere até que você tenha uma crise em sua vida para começar a alimentá-lo.

A Fome Espiritual de Nossos Dias

Hoje em dia as pessoas estão mais subnutridas espiritualmente do que em qualquer outro tempo. Existem elementos demais na sociedade que tiram a atenção das pessoas de suas almas eternas e as encorajam, em vez disso, a se concentrarem na vida material. As pessoas ficam envolvidas em ganhar dinheiro para comprar casas maiores e carros mais bonitos, ou para seguirem a última tendência da moda. As famílias têm menor probabilidade de viverem juntas, retirando mais um apoio espiritual. O tempo dedicado à igreja e aos assuntos religiosos, ou até mesmo a passar tempo em paz junto à natureza, é colocado de lado pelas agendas ocupadas e pelas diversões. A voz mansa de Deus é sufocada pelo zumbido constante do aparelho de TV.

Envolvidas nesse estilo de vida, muitas pessoas confundem o vazio interior que sentem com a fome física. Elas nunca foram ensinadas a reconhecer a fome espiritual, nem o que fazer se a reconhecerem. Como não sabem o que fazer com a dor e a solidão, elas procuram o melhor paliativo que conhecem: comida, drogas, álcool ou outros prazeres materiais.

Até aqueles que sabem das coisas e se esforçam para serem bons cristãos podem ser levados por essa forma espiritual, pelo fato de haver muitas opções de entretenimento que não são acessíveis a nós. Não há muitas festas que podemos frequentar, nem muitos filmes que podemos ver sem nos sentirmos degradados. Certa vez, tive até de sair de uma ópera por causa da linguagem vulgar que estava sendo usada no palco. Acho isso tão frustrante! Parece que Satanás está pretendendo arruinar tudo neste mundo que o povo de Deus aprecia. O objetivo dele é que fiquemos tão entediados a ponto de comermos até morrer ou que façamos outras coisas igualmente destrutivas. Supomos que a comida é uma das diversões que nos são permitidas e que estão livres de pecado, apenas para cairmos na armadilha da glutonaria, que a Palavra de Deus condena definitivamente. Deus quer que apreciemos o que comemos, mas Ele não quer que comamos a ponto de ficarmos doentes ou morrermos prematuramente.

Certamente não sou imune a essas tentações. Vivo minha vida diária na esfera espiritual, mas isso pode me deixar tão exausta como se estivesse cavando poços o dia inteiro. Nós que estamos no ministério assumimos o compromisso de entregar nossa vida para servir aos outros, e temos prazer nisso, mas não significa que estamos cheios de empolgação todos os dias! Preciso me agarrar a Deus para manter meu espírito alimentado e para extrair Dele meu entusiasmo.

Essa imagem pode parecer bastante amarga. "Se ter uma vida de satisfação no Espírito é algo que até Joyce Meyer ou outras pessoas que se dedicam ao ministério em tempo integral tem dificuldades em alcançar, como o restante de nós pode lidar com isso?". Não se desespere. Quando você se concentra na única pessoa que você pode controlar — você! — isso é viável. Dê uma boa olhada para dentro de si mesma e decida se sua alimentação — ou outros vícios — procede de uma fome espiritual. Alguns dos sinais clássicos são:

- Você exagera. Ou exagera e vomita. Esse é um sinal certo de que você não está comendo porque sente fome física.
- Você tenta barganhar com Deus sobre seu vício ("Deixe-me apenas desfrutar este único cigarro, e amanhã não fumarei nenhum", ou "vou comer esta caixa de biscoitos agora, mas prometo correr cinco quilômetros esta noite"), mas não tenta ouvir a resposta Dele, ou se envolver em qualquer diálogo espiritual real.
- Você mente para si mesma ou para os outros sobre o quanto comeu naquele dia, ou esconde comida e espera até que não haja ninguém por perto para comê-la.
- Sua reação imediata ao estresse é pensar em comida ou começar a beliscar o que quer que esteja por perto.
- Seu aumento de peso ou abuso de outras substâncias começou depois da perda de um ente querido, depois de alguma coisa que você interpretou como um fracasso,

- depois do fim de um relacionamento ou depois de perder um emprego.
- Você costuma se sentir chateada por não ter o que fazer à noite, e termina comendo por falta de opção.
- Você acha que nenhuma atividade está completa se não for acompanhada por comida.
- Você acaba se sentindo mais triste depois de comer do que quando começou.

Por Que se Importar?

Então, você identificou uma falta de alimento espiritual em sua vida. Por que consertar isso? O que isso vai lhe trazer, e como pode ajudá-la a eliminar seu vício em comida ou em outras substâncias?

Se você tem uma vida espiritual rica, já estará satisfeita com o momento, o dia, o ano, e não sentirá necessidade de "complementar" seu momento com comida. Todos nós temos esses momentos às vezes. Você passeia por um campo cheio de vaga-lumes no verão e de repente fica imóvel e maravilhado com a beleza de tudo aquilo. Você segura seu filho ou seu neto no colo e sente um grande vínculo espiritual de amor cercando vocês. Você está sentada em um banco da igreja no domingo de manhã e a luz passa pelos vitrais coloridos e enche seu coração de alegria. O momento é completo em si mesmo. Você não pensa: "Meu coração está cheio de alegria, e puxa, como eu gostaria de ter uma fatia de bolo de chocolate na mão!". Você pode conhecer a realização total do alimento espiritual, e saiba que se você puder experimentá-la regularmente, não terá problemas em comer e beber somente o que precisa.

Na verdade, todos nós devíamos sentir esses momentos transcendentes com mais frequência do que sentimos. Creio que eles são essenciais à nossa saúde física, emocional e espiritual. E creio que dedicamos muito pouco tempo tentando alcançá-los e que desperdiçamos tempo demais pensando em nossos problemas. Seja na terapia, em casa, ou com os amigos em um café, se ficarmos remoendo nossos problemas o tempo todo, eles só ficarão cada vez maiores para nós. Tire sua mente dos problemas, e passe mais tempo meditando na única solução verdadeira — o amor de Deus.

Os problemas da vida — e sempre haverá problemas — devem nos atrair para Deus, e não para longe Dele. Jonas tentou fugir do dever para com o Senhor viajando de navio para um destino remoto, e veja o que aconteceu com ele! Não siga o caminho de Jonas. Corra para Deus! Ele não vai apenas ajudá-la a encontrar as soluções para sua fome espiritual, mas Ele *é* a solução!

Cinco Maneiras de Alimentar Seu Espírito

1. Pare de Mentir

O primeiro passo para receber o amor de Deus e a verdadeira realização é parar de negar para si mesma (ou para os outros) que seu problema é espiritual. Você não pode mentir para Deus, então por que se preocupar em enganar a si mesma? Durante anos, fui viciada em cigarro, mas eu dizia a mim mesma que continuava fumando para ficar magra; eu não admitia que tinha uma fraqueza espiritual nessa área. A verdade é o caminho para a realização espiritual, e agora é a hora de começar. Se for preciso, admita para si mesma que seu espírito não está obtendo o que precisa da vida. Quando você fizer isso, Deus lhe mostrará como mudar essa situação.

Quem é você? Quais são seus valores principais? As coisas que você possui em sua vida — as pessoas, seu emprego, e daí por diante — apoiam esses valores, ou mantêm você separada de seu verdadeiro eu? Tente identificar as fontes do vazio que a impulsionam a comer (ou fumar, ou beber, ou trabalhar demais); que desequilíbrios essas coisas estão gerando em sua vida? O que você pode fazer para começar a preencher esses espaços vazios com atividades ou com pessoas que a ajudem a alimentar seu espírito e a colocá-la em contato com Deus?

Enquanto você está sendo verdadeira consigo mesma, comece a ser verdadeira também em todas as demais áreas da vida. Pequenas inverdades sabem se multiplicar, e em breve estaremos fazendo concessões em muitas áreas. Isso não apenas torna a vida mais difícil no final das contas, como também dificulta muito termos um relacionamento genuíno com Deus. Pecar contra a própria consciência (fazer coisas que você sabe que são erradas) é uma das maiores fontes de depressão e descontentamento.

2. Peça

Deus a ama muito e quer ajudá-la, mas você precisa pedir isso a Ele. Um homem me disse recentemente que quando se sente oprimido, ele levanta uma mão para o céu e diz: "Vem me buscar, Jesus". Deus ouve o clamor mais fraco de nosso coração, portanto, pare de tentar fazer tudo sozinha e peça a ajuda Dele.

Na próxima vez que você for tentada a comer porque está irritada ou triste, diga "não" em voz alta. Depois vá se sentar calmamente por um instante e peça a Deus para ajudá-la nessa situação. Você ficará impressionada com a diferença que faz pedir. Na maioria das vezes, você descobrirá que de repente tem a força para resistir à tentação. Mas você precisa *realmente* pedir; você não pode simplesmente dizer a si mesma que está aberta à ajuda de Deus.

Você pode pensar que Deus não se importa com alguma coisa tão simples quanto sua saúde, mas Ele se importa. Ele se importa com tudo que diz respeito a você — tanto as grandes como as pequenas coisas. Ele quer que você seja saudável, e está disposto a ajudar, basta você permitir que Ele o faça. Não ore pedindo a Ele que simplesmente quebre seu vício; em vez disso, ore pedindo a Ele para encontrar a força espiritual para fazer as mudanças em seu estilo de vida que farão com que os sintomas negativos desapareçam. A graça de Deus está sempre disponível para ser nossa parceira em nossas escolhas. Quando escolhemos fazer o que é certo e dependemos Dele para nos dar força, Seu poder nos capacita a seguirmos em frente e termos vitória.

A oração e a meditação na Palavra de Deus são práticas excelentes para alimentar o espírito. A Palavra de Deus é alimento espiritual; alimente seu espírito regularmente e você ficará saudável e forte por dentro e por fora.

O estudo da Palavra de Deus, ou a oração verbal ou silenciosa, são métodos tradicionais para fazermos contato com Deus, mas outras atividades também podem torná-la receptiva a Seu amor acalentador. Leia algo que a encoraje e lhe dê esperança. Mantenha um diário de gratidão, no qual você relacione as coisas boas que lhe aconteceram naquele dia (e existem coisas boas *todos* os dias).

3. Elimine os Maus Hábitos

Os maus hábitos precisam de espaço para atuar. Não muito, pois eles são bem espertos, mas há situações em que eles não conseguem encontrar um ponto de apoio. Se você trabalha como acrobata, terá dificuldade em beliscar descuidadamente enquanto trabalha. Se você passa as noites em um spa, terá sorte se conseguir entrar com um cigarro escondido. Uma boa estratégia para manter os maus hábitos à distância é reconhecer quais são suas tentações, e depois definir a vida de tal maneira que eles não tenham espaço para atuar. Encha sua vida com tantas coisas positivas e espiritualmente fortes que não haja espaço para nada mais. Se você é tentada a beliscar à noite, então não tenha petiscos que não sejam saudáveis em casa. Se você tende a comer demais quando está entediada, então se certifique de ter algo frutífero ao qual dedicar seu tempo.

Escolha atividades que a ajudem a preencher esse espaço dentro de você, o espaço que pertence a Deus, com os sentimentos de amor e plenitude que você está buscando. Em vez de passar o fim de semana assistindo à TV, visite uma amiga ou um parente que não vê há muito tempo ou vá assistir a uma conferência cristã. Como Deus diz, "Não se liguem com aqueles que irão poluí-los. Eu os quero inteiramente para Mim" (2 Coríntios 6:17, The Message).

O exercício é uma forma tremenda de preencher o tempo com uma atividade saudável que deixa o espírito elevado e o corpo recarregado. Leia meu capítulo sobre exercícios para aprender todos os benefícios que ele lhe oferece.

Que outras atividades podem substituir alguns dos atuais passatempos que não preenchem sua vida? Que amigos você tem que são bons para encorajá-lo a ter um novo compromisso com sua saúde? Ligue para eles e planeje algumas datas. Por exemplo, minha filha mais nova se interessa muito por cuidar da saúde. Ela lê sobre nutrição, exercícios e princípios de boa saúde o tempo todo. Sempre que preciso de um pouco de incentivo extra para permanecer no caminho certo, simplesmente pergunto o que ela aprendeu ultimamente. Ela sempre tem muitas coisas para compartilhar que me desafiam a continuar perseverando!

4. Programas de Apoio

Romper com o hábito de anestesiar a fome espiritual com comida ou com outras substâncias é uma atitude violenta, sem dúvida. Muitas pessoas acham o caminho mais fácil se tiverem o apoio de um grupo de pessoas que passaram por aquilo, que possam se identificar com as dificuldades e que estejam tentando trilhar o mesmo caminho. Existem diferentes bons programas de auxílio disponíveis nas principais cidades para ajudar as pessoas a romperem com seus vícios. Eles ensinam a admitir a impotência com relação ao vicio, a acreditar que só Deus pode restaurar a saúde e a tomar a decisão de entregar a vida e a vontade aos cuidados Dele. Nem todos se sentem confortáveis em encontrar seu alimento espiritual em grupo, mas muitos que a princípio eram céticos tiveram sucesso dessa forma.

5. Dê Tempo ao Tempo

Não se comprometa tomando a decisão de alimentar o espírito, esforçando-se por dois dias sem beliscar e tentando se lembrar de celebrar esse momento, para depois me telefonar e dizer: "Joyce! Isso não funciona! É difícil demais!". Essas coisas levam tempo. Não pretenda ter sucesso instantâneo.

Quando você eliminar um comportamento destrutivo, a princípio você sentirá que existe um vazio em sua vida. Você se acostumou tanto com o comportamento errado como parte de sua vida diária que, assim como quando se tem um marido abusivo, quando ele vai embora parece que você não é mais você mesma, ainda que saiba que está muito melhor sem ele.

Não se preocupe. A mudança sempre é difícil no início. Como você já deve ter ouvido, são necessários cerca de trinta dias para se quebrar um hábito. Muito do que você faz não é consciente, mas são padrões entranhados nos nervos, músculos e neurônios (como agarrar uma bola ou assinar seu nome), e são necessárias algumas semanas para desfazer esses padrões em seu corpo.

Por mais tempo que leve, o truque é não pressionar a si mesma nessas primeiras semanas. Comprometa-se ferozmente com o sucesso, mas ame a si mesma independentemente do que aconteça. Você ai escorregar algumas vezes, mas terá mais sucessos. Se mantiver a fé em si mesma e na direção de Deus, de repente chegará um dia, muitas semanas depois, em que você perceberá que as coisas estão fluindo muito mais facilmente para você. Você não terá mais de se esforçar tanto de forma consciente. Finalmente você dobrou sua fome espiritual e quebrou o ciclo do vício em sua vida.

TOME UMA ATITUDE

"Sejam praticantes da Palavra e não apenas ouvintes".

Tiago 1:22

Escolha pelo menos uma atitude que você pode tomar para alimentar seu espírito. Anote-a, *comprometa-se com ela*, e comece hoje.

Atitude: _____

CHAVE 9

Diminua o Estresse

Existe uma droga perigosa. Eis o que apenas um pouco dela fará com você:

Ela deixa seu coração em um estado de intensa atividade, batendo quatro vezes mais rápido que a velocidade natural. O mesmo acontece com seu pulmão. Ela contrai seus vasos sanguíneos e eleva sua pressão a níveis perigosos. Seca sua boca e fecha seu estômago e seus intestinos. Drena o sangue da face e da pele. Faz uma bagunça no sistema imunológico. Arruína o sono, elimina o apetite sexual e a capacidade reprodutora; desacelera a cura; e aumenta o risco de doença periodontal, de doenças de pele e de doenças autoimunes. Elimina a memória de curto prazo e o pensamento racional. Na verdade, ela é capaz de encolher parte do cérebro. Ela faz até você comer em excesso.

Péssimas notícias, certo? Aposto que você sairia de seu caminho para ficar livre dessa droga. Mas você costuma injetá-la na veia todos os dias. Fui viciada nela por anos. A droga é o cortisol, o mais famoso dos glucocorticoides. Os glucocorticoides são as drogas do estresse. E o corpo as produz diariamente.

Quando dizemos "Tive um dia estressante" ou "Estou estressado", queremos dizer que não conseguimos relaxar. Aconteceram coisas durante o dia, ou foram trazidas dos dias anteriores, das quais precisamos tratar. Se houver muitas dessas coisas, ou se elas ficarem sem solução, então não há como fugir, nem há lugar para relaxar, e ficamos "estressados".

O estresse é o contrário do relaxamento. Fisicamente, é seu corpo aumentando a velocidade para lidar com qualquer situação que surja. E ele faz isso enviando hormônios de estresse em todas as direções. Do cérebro vêm a adrenalina (chamada de *epinefrina* pelos cientistas) e os hormônios a ela relacionados, e das glândulas adrenais vêm o cortisol e os demais glucocorticoides. Os hormônios são mensageiros que percorrem o corpo, dizendo a todos os sistemas — ao coração, aos músculos, à pele etc.— o que fazer. Nesse caso, a mensagem é: *prepare-se para a ação*. Todos nós estamos acostumados com essa reação de "lutar ou correr".

Isso não é mau em si. Alguma coisa urgente acontece, e seu corpo instantaneamente coloca os sistemas em estado de alerta para lidar com a situação. Então, quando as coisas se acalmam, você volta ao modo de relaxamento. Esse é um sistema fantástico para o caso de você ter de salvar uma criança de um prédio em chamas ou fugir de um urso faminto. Você fica hiperalerta, super-rápido, e salva a criança, ou deixa o urso para trás no acampamento do parque Yellowstone. Depois de alguns minutos, seus batimentos cardíacos diminuem e a vida continua. Você sente fome e faz um lanche para recuperar a energia que gastou correndo em meio às chamas.

Você ficará feliz por ter um sistema como esse na próxima vez que se deparar com uma emergência. O problema não é nosso corpo. O problema é nossa vida. Nosso corpo não foi projetado para a vida do século XXI, onde os momentos mentalmente estressantes são a norma e não a exceção. Todas as alterações que o cortisol e outros hormônios do estresse causam em nosso corpo ajudam muito em curto prazo, mas podem nos deixar muitíssimo doentes — e até nos matar — se ocorrerem diariamente. E se você leva uma vida tipicamente moderna, eles acontecem não apenas todos os dias, mas a cada hora. Pergunte a si mesma se você tem ou não altos níveis de estresse. Se a resposta for sim, eu a incentivo a prosseguir com a leitura — sua vida pode depender disso.

O Que Acontece Conosco Quando Estamos Sob Estresse?

Para entender por que temos a reação física que temos ao estresse — e por que nossos corpos têm grande interesse em fazer isso — precisamos ter em mente o quanto nossa vida mudou se comparada à vida de nossos ancestrais. A maioria das sociedades estava centralizada ao redor de comunidades agrícolas. As principais preocupações das pessoas eram as plantações, a criação de gado ou a pesca, e proteger suas comunidades. Os dias eram governados pelo ritmo lento das estações. A vida tinha baixo nível de estresse — exceto quando esse nível aumentava. De vez em quando ocorria uma guerra, ou uma inundação, ou um desastre natural, ou algum outro acontecimento que ameaçava a vida, e as pessoas precisavam agir rápido. Mas isso não era a norma.

Até recentemente, os acontecimentos estressantes quase sempre exigiam uma reação física. Combater um invasor, nadar para salvar a própria vida em uma inundação, ou correr daquele urso. E todas as alterações que o estresse gera no corpo fazem um sentido perfeito se o objetivo for sobreviver nos próximos minutos.

Digamos que o acontecimento seja uma inundação que dure quarenta dias. De repente você se vê sendo levado, tentando permanecer flutuando. A um sinal do cérebro, a adrenalina e o cortisol inundam seu corpo, e tudo começa a mudar. A respiração quadruplica, jogando uma carga extra de oxigênio no sangue, e o coração acelera, enviando o sangue rico em oxigênio para os músculos a fim de gerar força. É por isso que, sob estresse intenso, ficamos mais rápidos e mais fortes. Todos nós ouvimos histórias de mães que conseguiram levantar um carro para livrar seus filhos, presos debaixo deles, e há algo de verdadeiro nisso.

E isso não é tudo. O estresse também torna nossos sentidos mais aguçados. Nossos olhos se dilatam e nossa audição melhora. Isso é muito útil se você estiver lutando para manter a cabeça fora d'água naquela inundação e estiver procurando desesperadamente um galho onde se agarrar.

O sistema imunológico também muda. Os glóbulos brancos param de trabalhar em projetos de longo prazo, como patrulhar lentamente o corpo em busca de células cancerígenas, e, em vez disso, correm para a pele e para os linfonodos, prontos para matar quaisquer germes que entrem no corpo — o que faz sentido, uma vez que é nas situações de estresse que você tende a se cortar, se ferir com facas, ou ser mordida.

Sua capacidade de sentir dor diminui. Todos nós conhecemos a sensação consequente da prática de esportes ou de ter feito um grande esforço, mas que durante o ato em si não chegamos a perceber, somente até mais tarde, quando voltamos para casa e descansamos, e realmente *sentimos* a dor. Novamente, vemos que maravilhoso sistema é o nosso corpo, porque enquanto estamos lutando para sobreviver durante uma inundação, tentando fugir, não é o momento para pensar sobre o quanto dói bater a canela em uma pedra debaixo d'água.

Você pode até mesmo perder a capacidade de aprender e pensar racionalmente. Isso pode parecer estranho, mas essas qualidades podem de fato fazer a diferença. Em vez de perder tempo tentando descobrir quantos milímetros de chuva tivemos nos últimos quarenta dias, você precisa se concentrar no pensamento instintivo de nadar, respirar, e procurar um galho para se agarrar.

Juntas, essas alterações fisiológicas livraram nossos ancestrais de muitas complicações graves. Em se tratando de questões de vida e morte, você não poderia pedir um mecanismo de luta melhor. Parece quase que mágica: a habilidade de aumentar instantaneamente nossas capacidades físicas. É como se você tivesse um botão em seu carro tipo sedan que o transformasse instantaneamente em uma caminhonete potente quando necessário. A questão é, se você tem um botão como esse, por que não ser uma caminhonete o tempo todo?

A resposta é que todos esses aumentos em nossas habilidades de sobrevivência têm um preço em curto prazo. Como mencionei nos capítulos anteriores, seu corpo tem determinada quantidade de energia, que vem dos alimentos que você comeu e armazenou em seus músculos e suas células de gordura. Quando você funciona como uma caminhonete, você queima essa energia de maneira incrivelmente rápida. E, a fim de transportar tanta energia para os músculos e para os outros instrumentos de sobrevivência, você precisa desligar todos os sistemas não essenciais.

Quando o assunto a ser tratado não é afogamento, fugir de um animal selvagem ou combater um atacante, "não essencial" significa qualquer coisa que não o ajude a fazer isso, porque se você não sobreviver à ameaça, nada mais importará no fim das contas. A reprodução é o primeiro — esse é um projeto de prazo muito longo. A digestão também é paralisada. O alimento em seu estômago poderia gerar uma energia útil em algumas horas, mas você não tem tanto tempo assim, e, além disso, o sangue usado no estômago e nos intestinos para a digestão é necessário nos músculos imediatamente. Você também perde o apetite, naturalmente. É inútil pensar, enquanto nada no estilo cachorrinho, descendo aquele rio caudaloso: "Puxa, um *brownie* cairia bem agora".

Seu sistema imunológico não paralisa simplesmente, mas ele também muda de alvo. Uma grande parte do que ele faz é trabalhar por meio do sistema linfático, filtrando as bactérias e as células danificadas. As células funcionam mal o tempo todo, e o sistema imunológico está encarregado de pegá-las antes que se transformem em câncer. Mas quando o cortisol vem explodindo por todo o corpo, soando o alarme, o sistema imunológico deixa de lado essas tarefas comuns e corre para a linha de frente para se proteger contra quaisquer germes invasores.

No cérebro, os pensamentos mais elevados são desligados para que você possa se concentrar em decisões relacionadas à sobrevivência.

Uma boa maneira de pensar nisso é imaginar-se como um país. Você é atacado por terroristas e entra instantaneamente no modo estresse máximo. Você amplia seu aparato militar para estar pronto para qualquer ataque, e expande seus técnicos de inteligência e seus satélites de espionagem para relatar exatamente o que está se passando ali. Você designa novos funcionários de imigração para garantir que nenhum terrorista novo entre sorrateiramente no país. Para pagar por tudo isso, você corta temporariamente os fundos destinados à educação, ao alto aprendizado, à assistência médica e à manutenção das estradas.

Isso faz muito sentido em curto prazo. Se você for destruído, a construção de estradas e a educação não terão qualquer importância. Quando você tiver garantido a segurança, você pode reduzir o aparato militar e a CIA, e fazer com que os programas domésticos retornem ao nível anterior.

Mas se você é apanhada em uma situação onde está constantemente sob o ataque de terroristas ou de forças estrangeiras — ou se você se preocupa com isso constantemente — você está com problemas. Você continua investindo dinheiro em seu orçamento de defesa, à custa de todos os seus demais programas, e logo suas estradas estarão em ruínas, seus filhos não estarão mais aprendendo e seu povo estará doente. Em vez de sucumbir a uma ameaça estrangeira, você entrará em colapso interno.

É isso que acontece quando se vive em um estado constante de estresse. O cortisol, a adrenalina e os outros hormônios do estresse fazem um trabalho fantástico no sentido de melhorar seu desempenho e fazê-la atravessar alguns minutos de tensão. Então você volta a relaxar por alguns meses até que o próximo urso irritado apareça. Durante a maior parte da história humana, foi assim que as coisas aconteceram.

Mas as coisas não são mais assim. Hoje, vivemos em um clima de estresse diário, e a não ser que você seja um guarda florestal, ele geralmente não é causado pela quantidade de ursos irritados. Atualmente, o estresse padrão inclui pressão no trabalho, preocupação financeira, conflitos na família, compromissos sociais e até a tortura diária dos engarrafamentos e dos eventos esportivos. Assistir o Brasil perder a Copa do Mundo pode ser muito estressante para alguns! Qualquer coisa que produza um *plus* em você, que acelere seus batimentos cardíacos e sua respiração, é estresse. Infelizmente, nosso corpo não foi projetado para a atividade ininterrupta, para os engarrafamentos no trânsito, e para o estresse financeiro constante. Ele reage a esses acontecimentos, e a todos os outros tipos de estresse não físico, exatamente com os mesmos hormônios do estresse.

Quando isso acontece na maioria dos dias, como acontece com muitos de nós quase sempre, começamos a entrar em colapso interno, assim como o país que permanece em estado de sítio por muitos anos. O estresse ocasional é saudável e até estimulante. O estresse crônico não permite que o corpo se recupere, e o mata lentamente. Vamos dar uma olhada nas diferentes enfermidades causadas ou acentuadas pelo estresse.

Um Guia das Doenças Relacionadas ao Estresse

Doenças Cardiovasculares

Talvez a alteração mais importante exercida pelo estresse sobre o corpo seja aumentar a velocidade com a qual o sangue é bombeado através dele. Essa é a única maneira de levar combustível — glicose e oxigênio — para os músculos, onde ele é necessário (ou onde o corpo supõe que ele seja necessário, embora isso não ajude muito em um engarrafamento no trânsito). Para fazer isso, o coração bate cada vez mais rápido, e os vasos sanguíneos se contraem para obrigar o sangue a passar por eles mais rápido. Isso significa que sua pressão sanguínea em tempos de estresse vai às alturas. Tudo bem se isso só acontece ocasionalmente, como durante o exercício. Mas se você está estressada o tempo todo, então esse número elevado *é* sua pressão sanguínea. Isso não é bom.

A pressão alta aumenta os batimentos nas paredes das artérias (principalmente nos Y, onde uma artéria se bifurca em duas). Como expliquei anteriormente, assim que as células que compõem essas paredes relaxam, o material contido no sangue pode ficar por baixo delas e ficar preso à parede das artérias, formando um bloqueio. Esses bloqueios são a causa dos enfartes e dos derrames. Não é de admirar, então, que as pessoas que têm doenças cardíacas tenham *quatro vezes* mais probabilidade de sofrer enfartes caso elas também sofram de alto nível de estresse.

Diabetes

O estresse provavelmente é um grande fator de risco no diabetes, assim como a dieta, e se pensarmos no que acontece durante o estresse, é fácil identificar por quê. Quando o corpo recebe o alarme dos hormônios do estresse, ele quer providenciar tanto combustível quanto possível para os músculos. Aumentar a frequência respiratória é parte da resposta. Mas o coração apenas faz circular as coisas; ele não produz o combustível. De onde vem o combustível? Das reservas de gordura. A adrenalina sinaliza para que as células de gordura enviem sua gordura para a corrente sanguínea, onde ela pode ser convertida em glicose para os músculos, conforme necessário. Durante o estresse, o corpo tenta manter tanta gordura e glicose quanto possível no sangue. Para fazer isso, ele bloqueia a insulina, que está tentando empurrar a gordura e a glicose para serem armazenadas ou para os tecidos musculares. (Os únicos lugares onde ele não bloqueia a insulina são os músculos que estão sendo utilizados naquele instante, e que precisam de toda a glicose possível.) Uma vez que a resistência à insulina é o principal problema de todos os diabéticos, o estresse piora ainda mais as coisas.

Somando-se ao problema, o sangue fica mais grosso durante o estresse. Plaquetas extras são acrescidas ao sangue, e são elas que fazem com que ele coagule. A coagulação fácil do sangue é o desejável se o estômago está para ser aberto com uma espada ou com as garras de um urso, mas não se você sofre de diabetes ou de doenças cardíacas, porque há maior probabilidade de criação de bloqueios.

Agora, reserve um instante para considerar o impacto geral do estresse sobre o sistema cardiovascular. Você tem um sangue grosso, tipo xarope, com probabilidade de coagular, correndo pelo coração, que bate, e pelas artérias estreitadas com uma força excessiva. Se isso não é o suficiente para levá-la a fazer um regime de redução de estresse imediatamente, o restante deste capítulo fará isso.

Aumento de Peso

Anteriormente, eu disse que o estresse elimina o apetite. A verdadeira história é mais complicada. Durante os primeiros minutos de estresse, a adrenalina do cérebro realmente suprime a fome. Essa é a última coisa com a qual você precisa se preocupar até terminar de lidar com a fonte de seu estresse. Mas o cortisol das glândulas adrenais, na verdade, estimula o apetite, e ele leva mais tempo que a adrenalina para circular pelo sangue e ser removido do corpo. Ele pode ainda estar lá horas depois. O trabalho do cortisol é assumir o controle depois que você lidou com a ameaça imediata. Ele mantém os músculos e os sentidos em estado de alerta máximo por algum tempo, porque essa ameaça ainda pode estar por perto, e ele lhe diz para *comer*. Como você provavelmente gastou muita energia lutando ou correndo, agora você precisa se abastecer a fim de estar pronta para a próxima emergência. O cortisol a deixa com uma fome voraz, e ele facilita enormemente o armazenamento de gordura — principalmente ao redor do abdome. Que grande ajuda, não?

Provavelmente, você já viu este filme. Você tem um emprego altamente estressante, e durante oito horas do dia ou mais, você corre para lá e para cá como uma galinha sem cabeça, mal pensando em comida. Você pode até ficar sem almoçar. Não há tempo para isso! Então, finalmente, você se arrasta para casa às oito da noite, compra comida chinesa para viagem, e praticamente inala aquelas caixinhas de papelão. O estresse se foi (temporariamente), você está desacelerando, o cortisol ainda está em alta, e agora ele lhe diz para comer todo o frango ou a torta e armazenar essas calorias rapidamente. É por isso que o estresse crônico é um dos principais culpados pelo aumento de peso.

Não confunda estresse crônico com estresse constante. O estresse crônico acontece todos os dias, ou quase todos os dias, mas não precisa ser em cada minuto de cada dia. O estresse constante e que não dá tréguas — como no caso de enfermidades que causam dor — não geram aumento de peso porque a adrenalina nunca cessa. O apetite fica suprimido permanentemente. Essas pessoas tendem a perder peso.

Úlceras e Distúrbios Digestivos

O lento processo de converter os alimentos no estômago em energia não se encaixa na categoria das "emergências", de modo que quando o corpo se depara com o estresse, ele bloqueia a digestão. O sangue é desviado do estômago e do intestino delgado para o coração e para outros músculos. Então, quando o estresse desaparece, o cortisol ativa a digestão novamente. Se você tem o tipo de trabalho ou a vida caseira que inclui telefonemas estressantes, reuniões e apresentações; interações com colegas ou com a família e direção agitada, nesse caso você tem o padrão de estresse clássico que gera úlceras, do tipo liga-desliga. Normalmente, as paredes do estômago são demarcadas por uma grossa camada de muco para protegê-lo do ácido clorídrico que nele decompõe os alimentos. Mas quando a digestão é frequentemente paralisada pelo estresse, o corpo pode perder o passo na produção de muco para revestir o estômago. Então, o ácido queima e faz um buraco em um local desprotegido da parede do estômago, e pronto, você tem uma bela e dolorosa úlcera.

Os intestinos também sofrem com o estresse. Embora o estresse bloqueie o estômago e o intestino delgado, ele, na verdade, acelera o movimento do intestino grosso para descarregar qualquer excesso de bagagem preparando-se para uma possível necessidade de "fuga". Quando o estresse cessa, isso é revertido. Mas assim como lançar seu carro para frente e para trás entre a primeira marcha e a marcha a ré podem quebrar a caixa de marchas, o estresse regular tipo liga-desliga deixa seus intestinos de mau humor. Eles podem sofrer espasmos, causando (ou agravando) doenças como a colite e a síndrome do cólon irritável (SCI).

Imunidade

É realmente impressionante como o simples fato de ficar estressado pode lançar o sistema imunológico em uma série de contrastes.

Quando o estresse bate, você produz glóbulos brancos extras para combater as infecções. E o cortisol retira os glóbulos brancos já existentes das tarefas comuns, como procurar células cancerígenas, e as envia para a linha de frente a fim de proteger o sistema imunológico contra infecções geradas por qualquer ferimento devido a perfurações sofridas durante o período de estresse. (Tanto lutar quanto fugir tem maior probabilidade de resultar em cortes.) É como mobilizar a Guarda Nacional. Depois de cerca de meia hora de estresse, o cortisol começa a reduzir o número de glóbulos brancos que você tem em circulação. Por quê? Se você mantiver esses glóbulos brancos da Guarda Nacional em Alerta Vermelho, correndo pelo corpo em busca de inimigos, e não houver nenhum inimigo, finalmente eles começarão a confundir as *próprias* células com inimigos e a atacá-las. Isso é o que se chama de doença autoimune — o próprio sistema imunológico ataca você. Algumas doenças autoimunes são a doença de Crohn, a doença de Graves, a artrite reumatoide, a esclerose múltipla, o lupus e a psoríase. Então, o cortisol simplesmente tenta fazer seu trabalho reduzindo o número de glóbulos brancos.

Mas existe um problema. Se o estresse continuar por algum tempo, o cortisol continua reduzindo os glóbulos brancos, até que o sistema imunológico esteja esgotado. De repente, você passa a ter maior probabilidade de pegar resfriados e outras doenças.

Assim como acontece com muitos outros sistemas, um pouco de estresse não é ruim para o sistema imunológico. Seu organismo entra em atividade acelerada e você tem menor probabilidade de pegar infecções ou resfriados durante os minutos iniciais de estresse. Mas, em breve, a contagem de seus glóbulos brancos começa a cair, e continua caindo enquanto o estresse perdurar. O estresse crônico aumenta imensamente o risco de ficar doente.

Envelhecimento Geral

Todos nós vimos o que acontece com as pessoas que sofrem com anos de estresse. O cabelo fica grisalho. A pele fica pálida e enrugada. Tudo nelas, desde os olhos até o tônus muscular, simplesmente parece não estar bem. A esta altura, você deve entender por quê. O cortisol diz ao corpo para abandonar todos os projetos de longo prazo e colocar todos os seus recursos na sobrevivência em curto prazo. Um dos projetos de mais longo prazo é a restauração geral das células, que acontece o tempo todo e que ajuda a nos manter jovens. O corpo usa as proteínas de sua dieta para reparar essas células, assim como o DNA das células. Sob estresse crônico, o corpo para de reparar as células, e, em vez disso, utiliza a proteína como uma fonte extra de combustível para a necessidade de "lutar ou correr". Todos os projetos de manutenção cessam. Isso explica por que as pessoas que estão passando por estresse em longo prazo aparentam estar destruídas. No que diz respeito às células, elas estão em colapso.

Outras Doenças

Pense em qualquer coisa ruim que possa acontecer com o corpo e o estresse irá exacerbá-la. O estresse gera depressão ao baixar o nível de serotonina. Ele gera tensão nos músculos (o que é útil se você estiver se preparando para lutar ou correr), o que dá origem a todo tipo de coisa, desde dor nas costas até enxaquecas (provocadas por tensão nos músculos da cabeça). Ele desliga as funções superiores do cérebro e a memória (para permitir que você se concentre nas reações rápidas e instintivas ao estresse), e o estresse crônico, na verdade, *contrai* o hipocampo, a parte do cérebro que aloja a memória. Ele aumenta a probabilidade de doença periodontal (o sistema imunológico não combate tão bem os germes que causam a doença), desacelera o crescimento nas crianças, e inibe a reprodução tanto em mulheres quanto em homens.

Um efeito óbvio do estresse é que ele torna o sono difícil. O sono é exatamente o oposto do estresse. Para dormir, você precisa relaxar, e você não pode relaxar com todo esse cortisol correndo pelo sangue e acelerando o ritmo do coração e dos pulmões. Mas a falta de sono em si causa muitas das mesmas condições que o estresse, inclusive depressão, envelhecimento acelerado, memória fraca, baixa das funções imunológicas e aumento de peso. Então, você fica em um círculo vicioso de estresse que gera privação de sono, e a privação de sono gera mais estresse. Simplesmente sentir que sua saúde está fraca é estressante, o que quer dizer que todas as condições causadas pelo estresse tendem a reforçá-lo.

É hora de sair desse círculo vicioso! Nossa sociedade está tão sobrecarregada e acelerada, que o estresse é garantido, a não ser que você seja firme e se recuse a viver na faixa de alta velocidade o tempo todo. Hoje, se quiser viver sem essa perigosa carga de estresse, você precisa fazer essa escolha. Você precisa de um plano, e precisa saber o que fazer. Eis algumas ideias para começar.

Cinco Maneiras de Eliminar o Estresse

Este foi um capítulo longo — deliberadamente. Vejo que todas as pessoas balançam a cabeça e fazem comentários ao fato de que o estresse é ruim e deve ser reduzido em sua vida, mas elas não fazem nada a respeito. É muito fácil conformar-se com o *status quo* e permanecer sob a mira de um estilo de vida estressante. Então, espero que minhas explicações neste capítulo deixem muito claro para você que o estresse não é uma inconveniência. O estresse é mortal. Você *não pode* levar uma vida plena e justa se o estresse estiver atormentando seu espírito.

Sei do que estou falando. Durante anos, fui arruinada pelo estresse. Eu vivia doente e estava extremamente cansada o tempo todo. Tinha enxaquecas, problemas nas costas, desequilíbrios hormonais, câncer e pressão alta. Fiz uma histerectomia que provavelmente sequer precisava fazer. Eu me preocupava muito e tentava resolver coisas demais. Minha agenda era insana e meu cérebro nunca parava de funcionar. Eu fazia tantas coisas todos os dias e trabalhava até tão tarde todas as noites, que não conseguia fazer meu organismo se acalmar o suficiente para dormir adequadamente. Na maior parte do tempo, isso tinha a ver com minha agenda, mas eu era a única pessoa que fazia essa agenda, de modo que não tinha ninguém mais para culpar. Só eu podia mudá-la, mas foram necessários anos de infelicidade para que eu chegasse ao ponto de estar disposta a fazer isso.

Quando acabo de ministrar em uma conferência, estou cansada, física, mental e emocionalmente. Quando saio, dei tanto aos outros que não sobra muita coisa. Finalmente aprendi que depois de uma conferência, preciso tirar algum tempo para relaxar, fazer algo de que gosto, livrar-me do estresse e recarregar minhas baterias. Se eu não fizer isso, estarei com problemas.

Durante anos, eu saía de uma série de conferências onde o Espírito de Deus havia se movido com grande poder. Então eu ia para casa e tinha uma atitude negativa. Eu ficava furiosa com Dave por ele jogar golfe e se divertir enquanto eu ficava em casa me sentindo péssima. Eu sentia pena de mim mesma, ficava zangada e descontava nos outros.

Hoje, depois de uma conferência, tiro algum tempo para eliminar o estresse. Posso fazer isso cuidando de mim mesma e indo fazer compras. Sim, fazer compras pode ser uma técnica excelente de redução de estresse — se você gosta de fazer isso, se puder relaxar enquanto o faz, e se não fica financeiramente estressada. Ou posso me dar o prazer de assistir a um bom filme sem qualquer tipo de sujeira. Muitas vezes, programo-me para fazer uma massagem. Seja o que for, sei que não vou voltar a trabalhar até ter eliminado o estresse adquirido com meu desempenho na conferência.

Esse é apenas um exemplo de minha vida. Posso pensar em muitos outros, e tenho certeza de que você já conhece outras maneiras que funcionam para você — embora o fato de você aplicá-las ou não seja outra questão. Agora que você sabe o quanto o estresse pode deixá-la doente, na próxima vez que você sentir seu corpo começar a entrar em um ritmo frenético, espero que você experimente alguma coisa que acredite que pode aliviá-la. A seguir, eis alguns dos métodos clássicos testados e aprovados.

1. Apoio Social

Os estudos mostram que o isolamento social gera níveis elevados de cortisol. Somos seres sociais, e andar com outras pessoas é uma das melhores maneiras de nos sentirmos bem e relaxadas. Várias formas de escape social são corretas para pessoas diferentes; apenas assegure-se de ter algum deles. Minhas sugestões são:

- **Família**. Às vezes, o contato com a família pode ser uma ótima maneira de relaxar. (embora às vezes ela possa ser uma fonte significativa de estresse!)
- **Igreja**. Já mencionei que as pessoas que vão à igreja semanalmente vivem mais tempo. Elas se sentem mais seguras e mais amadas e têm níveis de cortisol mais baixos para continuar vivendo.
- **Aconselhamento**. Se você não tem ninguém mais com quem falar, desabafar com um conselheiro pode liberar certo espaço mental em sua cabeça e reduzir o estresse.
- **Grupos e Clubes**. Os grupos sociais de todos os tipos — de leitura, de caminhadas, de tricô, de estudo bíblico e até de amigos que simplesmente se encontram para jantar uma vez por semana — comprovadamente reduzem o estresse.

2. A Terapia de "Dar de Ombros"

Existem algumas coisas que você pode controlar na vida — a escolha de seu emprego, quem são seus amigos, quanto café você toma e as noites em que dorme tarde. Há outras que você não pode controlar — o que as outras pessoas dizem e fazem, as flutuações do mercado de ações, o pneu furado de manhã. A maneira como você reage às coisas que não pode controlar ajuda a determinar seu nível de estresse e a qualidade de sua saúde. As pessoas que costumam se irritar com pequenas coisas, sofrem de muitas maneiras. As pessoas que dão de ombros se saem muito melhor. A Bíblia chama isso de "lançar os seus cuidados".

Dar de ombros não significa indiferença; significa simplesmente reconhecer que não há nada que você possa fazer para mudar as coisas naquele exato momento. O pneu furado já aconteceu. Lidar com o assunto chamando o seguro faz sentido, perder a calma e chutar o pneu não faz. Não se deixe enganar pela teoria da máquina a vapor do corpo. Quando a psicologia se tornou uma ciência, as máquinas a vapor eram a forma dominante de máquinas, de modo que esse é o modelo que os psicólogos tinham para o cérebro. Acumulamos pressão do lado de dentro, e depois temos de "soltar vapor" ou explodiremos. Mas não há nenhuma evidência de que o corpo funcione assim. Reagir com ira simplesmente aciona todo o organismo e eleva o cortisol. Ficar fervendo de raiva em silêncio tem o mesmo efeito.

A abordagem para termos um nível baixo de estresse é deixar as coisas para lá. As coisas acontecem. Deus trabalha de formas misteriosas. Se você confiar Nele para resolver as coisas, navegará pelas profundezas da vida com um mínimo de aumento em seus níveis de cortisol.

Costumo passar algum tempo ministrando na Índia e na África, e sou confrontada com a terrível pobreza e a fome que vejo ali. Importo-me profundamente com essas pessoas e faço tudo que posso para aliviar o sofrimento delas, mas entendo que sou apenas uma pessoa e que só posso dar a minha contribuição. Posso deixar isso me irritar muito e sacudir o punho diante da injustiça de tudo isso, mas o que isso pode fazer, a não ser me deixar doente e possivelmente incapaz de fazer qualquer coisa? Faço o que posso, mas não fico irritada com o que está além de meu controle. Faça seu melhor, ore, e Deus fará o resto!

O controle é um grande problema. Quando as pessoas têm controle sobre uma situação, elas têm níveis muito mais baixos de cortisol do que quando não têm. A responsabilidade é outro problema. Quanto mais responsabilidade você sente com relação a determinada situação, mais elevado será seu nível de cortisol. É por isso que você deve fugir de qualquer situação que tenha essa combinação mortal de pouco controle e muita responsabilidade. Por exemplo, digamos que você trabalhe em um restaurante e o sistema saia do ar. Não há nada que você possa fazer a respeito, na verdade, você nem entende como o sistema funciona, mas você tem um estabelecimento cheio de pessoas famintas e é responsável por entregar comida a elas. Essa é uma situação de alto nível de estresse! Você fica com toda a culpa, mas não tem autoridade para mudar as coisas ou para tomar uma atitude que poderia ter prevenido a situação. Há situações que você não pode controlar, e tudo bem; apenas não assuma a responsabilidade por elas. E quando você assumir a responsabilidade por alguma coisa (que geralmente é a coisa certa a fazer), certifique-se de ter também autoridade suficiente para tomar decisões e controlar o que acontece.

3. Encontre Seu Elemento — E fique com ele

Meu marido Dave certa vez fez uma das coisas mais inteligentes que já vi. Antes de ingressarmos no ministério em tempo integral, ele trabalhava como engenheiro. Ofereceram-lhe uma promoção que incluía um aumento de salário e muito prestígio. Mas ele recusou. A princípio, fiquei zangada com ele. Pensei que ele estivesse cometendo um grande erro. Ele não queria subir a escada do sucesso? Ele não era a melhor pessoa para o cargo? Ele explicou que tinha observado os outros homens que haviam ocupado aquela posição. Eles tinham de viajar intensamente, e estavam constantemente presos a prazos inatingíveis que lhes eram impostos e que os colocavam sob um enorme estresse. "Não é assim que quero viver", disse Dave. Ele optou pela posição que lhe permitia continuar mantendo seus princípios internos — compromisso com a família e conforto pessoal — em vez de perseguir poder empresarial para que os outros o admirassem. Além disso, por que escolher um contracheque mais alto se você só vai gastá-lo em contas com os médicos para aliviar as doenças geradas pelo estresse? O estresse profissional gera tantas doenças quanto o fumo e a falta de exercício. Assim como essas coisas, ele mata.

Todos nós queremos mais dinheiro, e depois que o conseguimos descobrimos que ele não muda muita coisa na dinâmica básica da vida. Talvez possamos dirigir um carro mais sofisticado, ou comer em restaurantes melhores, mas basicamente ainda somos a mesma pessoa, e o nível de nossa felicidade, na verdade, não aumenta. Os suportes mais importantes para a felicidade em longo prazo são ter um relacionamento correto com Deus, boa saúde, uma vida familiar amorosa, um trabalho que seja satisfatório e não excessivamente estressante, e dinheiro suficiente para aliviar nossa preocupação financeira. Tudo o mais é supérfluo.

É natural nos importarmos com o que todos pensam a nosso respeito, e desejarmos uma posição na qual todos nos admirem. Mas o que surpreende é que há muito pouca satisfação nisso. Creio que poderia haver muito mais felicidade e menos estresse no mundo se as pessoas dedicassem tempo para entender qual é seu elemento natural e permanecessem com ele. Quando lhe oferecerem uma nova posição, pergunte a si mesma se você a deseja. Se for apenas pelo prestígio, não aceite. O dinheiro é um fator importante a ser considerado, e pode facilitar algumas coisas na vida, mas não aceite um emprego simplesmente pelo dinheiro se ele for torná-la menos feliz em seu dia a dia.

É difícil dizer a si mesma: "Não sou boa nisso", mas também é muito libertador! Quando você diz isso, e fica em paz, o julgamento e a pressão desaparecem. Então você pode se concentrar nas coisas em que é boa.

Talvez você esteja ocupando um cargo que não a faz feliz e precise fazer uma mudança. Talvez você se orgulhe de sua posição, mas se isso rouba sua saúde, saia o mais rápido possível! Se seus superiores fazem você se sentir mal consigo mesma constantemente, trate do assunto com eles, ou considere a hipótese de ir para outro lugar. Reduza seu nível de estresse, caso ele esteja alto demais. Seu elemento está aguardando por você em algum lugar lá fora; se você não está com ele, vá em busca dele agora mesmo! Jesus veio para que pudéssemos "ter vida, e vida plenamente" (João 10:10, NVI). Faça o que for preciso para garantir que você possa desfrutar plenamente a vida que Ele deu a você.

Às vezes, dizer "não" exige mais coragem do que dizer "sim". Você pode levar esse conceito para além da esfera do trabalho. Retirar de sua agenda todas as coisas que não estão dando bons frutos reduzirá grandemente seu nível de estresse e irá capacitá-la a desfrutar realmente as coisas nas quais você optar por se concentrar.

4. Nutrição, Suplementos e Dieta

O que você coloca dentro do corpo fisicamente exerce um enorme impacto sobre o nível de seu estresse. O exemplo mais óbvio é a cafeína. A cafeína faz o corpo liberar adrenalina e cortisol. Uma xícara de café é uma xícara de estresse — ela acelera a respiração e os batimentos cardíacos; tensiona os músculos, aguça os sentidos, e daí por diante. Ela é excelente como um ativador de desempenho em curto prazo, mas um número excessivo de xícaras por dia pode deixá-la estressada, com todos os sintomas clássicos: insônia, falta de concentração, irritabilidade etc.

Nada mais tem o efeito imediato e óbvio sobre o estresse que a cafeína, mas a nutrição pode ser muito importante para regular o estresse. Uma dieta rica em proteínas evita o efeito avassalador exercido sobre o humor pela agitação e explosão do açúcar no sangue gerado por uma dieta rica em carboidratos. Os suplementos nutricionais e as vitaminas também são importantes. Acionando seu metabolismo, o estresse faz com que você queime certas vitaminas em uma velocidade frenética, principalmente a vitamina C e as vitaminas B. Se você está sob alto nível de estresse, certifique-se de tomar doses extras dessas vitaminas em seus alimentos ou suplementos. Conheço muitos médicos que menosprezam os suplementos, mas sei também em primeira mão a diferença que eles fizeram para mim.

Um produto que é vendido sem receita e que me ajudou tremendamente é uma combinação de *Magnolia officinalis* e *Phellodendron amurense*, duas ervas com uma longa história medicinal. Em estudos, esse produto demonstrou reduzir os níveis de cortisol e promover o relaxamento e um sono tranquilo sem sedação. Tomei essa combinação por alguns anos e meu sono melhorou, meus músculos não são mais tensos, e tenho mais energia do que nunca.

Por outro lado, recomendei o produto a amigos que eram estressados, e ele não os ajudou em nada. O organismo de cada pessoa é diferente. Você precisa experimentar para encontrar os suplementos nutricionais certos para você. Assim como acontece com muitas ervas vendidas sem receita, existem várias opiniões sobre a segurança e a eficácia desse produto. Embora eles tenham sido seguros para mim, você deve consultar seu médico antes de experimentar qualquer suplemento de ervas.

5. Técnicas de Relaxamento

O relaxamento não é egoísta. Não significa ficar à toa. É uma maneira de recarregar as baterias — físicas, emocionais e espirituais

— para que você possa voltar à carga com força total no outro dia. Você executará mais durante o dia, viverá mais e com mais saúde, e desfrutará mais a vida, se dedicar tempo para tratar de si mesma do jeito certo. Existem milhares de possibilidades de fazer isso. Eis algumas das minhas favoritas:

- **Brincar.** Todos nós sabemos que as crianças precisam brincar. É essencial para o desenvolvimento de suas habilidades físicas e sociais, e também uma forma de aliviar a tensão. Mas os adultos precisam brincar tanto quanto as crianças, e pelas mesmas razões. Homens adultos, em particular, precisam brincar. Sei disso porque meu marido, Dave, costuma ligar para um de seus amigos e dizer: "Você pode jogar hoje?". Ora, admito que ele está falando de jogar golfe, mas é tudo a mesma coisa. Brincar é uma forma tremenda de relaxar, porque você tem a alegria da criatividade e do desafio sem a pressão, porque não há "repercussões" com base em seu desempenho. (Se você se sente pressionado a se sair bem em um esporte, então você não está realmente "brincando", e não está conseguindo extrair os benefícios disso. Lembre, ser o primeiro em tudo é altamente valorizado, tanto no jogo quanto no trabalho.) Escolha uma atividade para brincar que seja pura diversão para você e que seja uma total distração e fuga do restante da vida.
- **Rir.** "O coração bem disposto é remédio eficiente", diz a Bíblia (Provérbios 17:22), "mas o espírito oprimido resseca os ossos". Rir despreocupadamente de si mesma e dos altos e baixos da vida é uma das melhores práticas para a redução do estresse. Experimentos demonstraram que as pessoas a quem disseram para sorrir durante um estudo — quer elas tivessem vontade ou não — se

sentiram melhor no fim do processo do que as pessoas às quais não foi dito para sorrir. Quando for ler seu próximo livro ou alugar um vídeo, garanta que seja algo que a faça rir bem alto; a vida não pode ser um drama o tempo todo.

- **Exercício.** Já falamos em profundidade sobre o exercício, de modo que não direi explorar muita coisa aqui. Apenas saiba que ele é provavelmente o único e melhor meio para eliminar o estresse. Os hormônios do estresse preparam você para lutar ou correr, então, é melhor dar a eles o que eles querem! Use esses músculos e gaste toda essa glicose e cortisol. O estresse contrai as artérias, mas o exercício as relaxa novamente (pelos menos aquelas envolvidas no exercício). O exercício faz o organismo voltar ao equilíbrio.

- **Sono.** No princípio, como sabemos, Deus dividiu a luz das trevas e criou o dia e a noite. Será que Ele fez isso para que os cinemas *drive-in* pudessem existir? Para que as luzes em néon ficassem bonitas? Não! Ele fez isso porque há um tempo para trabalhar e um tempo para dormir. Fomos feitos para pararmos a cada dia e dedicarmos algum tempo para descansar e recarregar as energias. Portanto, não tente roubar esse tempo — aproveite-o. Às vezes, nosso corpo tem mais sabedoria do que nós. Seu corpo, na verdade, lhe diz o que ele precisa, e você tem de ouvi-lo. Meu corpo certamente me diz quando está cansado. Durante anos, eu o ignorei. Eu o forçava, forçava, e forçava sem parar, e finalmente meu corpo disse: "Estou cansado de ser forçado além dos limites razoáveis. Não vou mais cooperar". E ele entrou em colapso. Agora, quando meu corpo me diz que precisa de descanso, eu descanso! Se ele está com sono, tiro uma soneca. Às vezes, dez minutos são suficientes para me renovar.

- **Oração.** Orar é simplesmente falar com Deus. Algumas pessoas acham que o tempo com Deus pela manhã ou à noite é o melhor método para se cultivar a calma e a concentração, mas você também pode experimentar a oração em pequenos rompantes de conversa com Ele. A qualquer momento, quando as coisas começarem a ficar fora de controle no trabalho (ou em qualquer lugar, por falar nisso), coloque os braços sobre a mesa, descanse sua cabeça neles, feche os olhos, e deixe sua mente se acalmar. Faça isso intencionalmente. Não deixe sua mente correr de um assunto para outro. O objetivo é prestar atenção em outra coisa além daquilo que a está deixando estressada, algo que realmente lhe transmita paz. Se você tem uma bela vista de sua janela, tire alguns instantes e olhe para ela. À medida que sentir seu organismo se acalmando, você poderá voltar às suas obrigações, mas as realizará com muito mais clareza do que antes.
- **Massagem.** Admito que sou viciada em massagem. Nada me faz sentir melhor. E se sentir bem é a própria saúde! A massagem não apenas alivia e tonifica os músculos doloridos, com também diminui a pressão sanguínea e os batimentos cardíacos, libera endorfinas no cérebro, elimina as toxinas dos músculos, promove o fluxo sanguíneo e aumenta o relaxamento. Ela pode até melhorar as funções imunológicas. Todos nós precisamos de toque — crianças que não são tocadas podem ter o crescimento atrofiado — e a massagem é uma das melhores terapias de toque.
- **Outras ideias.** Relaxe ouvindo música, tome um banho morno à luz de velas ou caminhe por uma floresta no outono. Você sabe a sensação que o relaxamento produz e você sabe quando está se sentindo relaxada. Faça do relaxamento parte de sua vida diária!

TOME UMA ATITUDE

"Sejam praticantes da Palavra, e não apenas ouvintes".
Tiago 1:22

Escolha pelo menos uma atitude que você pode tomar para reduzir sua carga de estresse. Anote-a, *comprometa-se com ela,* e comece hoje.

ATITUDE: _____

CHAVE 10

Tenha a Visão Correta

Para chegar a algum lugar, você precisa saber para onde está indo. Talvez você não saiba o caminho exato, mas pelo menos tem um objetivo em mente. Se você está indo de carro de Salvador para o Rio de Janeiro, você tem um objetivo. E você tem muitas maneiras de atingir esse objetivo, desde a leitura de mapas até parar e pedir informação. Por outro lado, se você apenas entrar no carro em Salvador e dirigir sem ter ideia de para onde está indo, você provavelmente não chegará a lugar algum que lhe seja útil. É provável que você acabe andando em círculos.

Em seu esforço para desfrutar a vida saudável que merece, você precisa ter uma visão de seu objetivo. Como será sua vida quando você estiver comendo bem e se sentindo em forma, confortável e feliz? Como será sua aparência? Que tipos de atividades ocuparão seus dias? Somente quando você tiver uma visão da nova você, poderá começar a fazer os planos necessários para alcançar isso.

Um dos exemplos mais dramáticos que testemunhei envolveu uma mulher que contratei como governanta anos atrás. A aparência de Cindy quando veio trabalhar para mim deixava clara a maneira como ela se sentia a respeito de si mesma. Ela estava treze quilos acima do peso, e não se esforçava nem um pouco para fazer com que suas roupas, seus cabelos, sua postura, ou qualquer outra coisa fosse atraente. Embora trabalhasse bem, era insegura, estava frequentemente mal-humorada e parecia infeliz. Ela também tinha muito medo de cometer erros ou de decepcionar as pessoas, e quando isso acontecia, perturbava-se e sentia-se culpada por dias. Ela era uma *workaholic* (pessoa viciada em trabalho), um sintoma clássico de pessoas que acham que não têm nenhum valor intrínseco e que só conseguem ver valor naquilo que produzem ou realizam. (E falo por experiência própria!)

Não foi surpresa para mim descobrir que Cindy havia sofrido abuso verbal nos primeiros anos de sua vida e que fizeram com que ela sentisse que não tinha valor algum. Mas ela era uma mulher muito boa e uma pessoa talentosa com muito potencial, e eu podia ver seu espírito cintilando por baixo das cascas que ela havia vestido ao longo dos anos. Ela precisava ver um horizonte de coisas melhores. Ela precisava acreditar que tudo podia mudar para ela, e finalmente foi exatamente isso que aconteceu.

À medida que passava tempo comigo e com minha família, Cindy começou a ver que havia uma maneira diferente de se viver. Começamos a fazer coisas especiais para ela, a fim de fazê-la se sentir valorizada. Ela sempre gostava de minhas roupas, e via que eu costumava dá-las com frequência às mulheres que trabalhavam para mim. Ela costumava dizer: "Eu gostaria de poder usar suas roupas". Então um dia ela disse: "Eu vou poder usar suas roupas!".

Antes de alcançarmos a vitória, temos de passar do querer a uma tomada de atitude. Cindy teve uma visão do que ela podia ser, em vez de acreditar que ele tinha de ser sempre como era. Então, decidiu que era hora de mudar sua vida. Ela acreditou que merecia mais. Estudou nutrição, e, em vez de entrar em outra dieta, mudou seus hábitos alimentares e soube desde o princípio que aquela tinha de ser uma decisão para toda a vida. Em vez de trabalhar o dia inteiro e depois ir para casa para fazer uma enorme refeição pouco saudável antes de dormir, ela começou a tomar um bom café da manhã, um excelente almoço e um jantar pequeno, mas saudável. Comia muitos vegetais, carne magra, frutas e lanches saudáveis. Ela continuou emagrecendo cada vez mais, e adivinhe o que aconteceu? Cindy agora usa minhas roupas! Ela tem a aparência de uma pessoa diferente e age de modo diferente da pessoa que contratei há dez anos.

Mas isso é o mínimo. Ao longo dos anos, temos visto Cindy desabrochar transformando-se em uma mulher atraente cheia de estilo e saúde, uma mulher estável que aprecia muito a vida. Ela começou a trabalhar para mim como faxineira, e agora, na verdade, ela administra a casa e me ajuda com muitos detalhes de minha vida, inclusive o preparo de viagens, a arrumação e os trabalhos de computador. E o que é melhor, agora conto com ela como uma amiga fiel. Agradeço a Cindy por ser um apoio maravilhoso em minha vida, e por me permitir compartilhar sua história.

Deus só tem uma marcha: para frente! Ele não tem ponto morto nem marcha à ré. Ele quer que você comece a avançar em direção a seus objetivos, mas antes que possa fazer isso, você precisa ter uma imagem clara desses objetivos, assim como Cindy fez. Se você está presa nas decepções passadas e continua batendo nessa mesma tecla, jamais fugirá disso. Fale sobre seu futuro, e não sobre seu passado! Fale sobre a nova pessoa que você está se tornando. Toda pessoa de sucesso começa antevendo o sucesso. Agora que você aprendeu neste livro sobre todas as ferramentas necessárias para se tornar um sucesso de dentro para fora, para ter a aparência de uma pessoa de sucesso e se sentir assim, é hora de abrir o mapa das estradas de sua vida, escolher seu destino, e engrenar a primeira marcha. Eis cinco ideias para ajudá-la a escolher para onde ir.

Cinco Maneiras de Desenvolver a Visão Correta

1. Traga Sua Realidade à Existência Pensando Nela (e Falando Sobre Ela)

"Manifestar sua realidade" soa como alguma coisa vinda de uma dessas palestras de autoajuda, mas esse conceito vem diretamente da Bíblia. "Assim como pensa em seu coração, assim ele é" (Provérbios 23:7, AMP). Gosto de dizer isso desta maneira: "O homem segue o caminho para onde sua mente vai". Os pensamentos positivos são os precursores de uma vida positiva. Por outro lado, nossa vida pode se tornar infeliz por causa dos pensamentos ansiosos e das expectativas negativas.

A maioria das pessoas acha que não pode controlar seus pensamentos, mas pode. Como qualquer outra coisa, é necessário prática. O que você pensa é assunto seu. Você pode escolher os próprios pensamentos e deve fazer isso com cuidado, uma vez que eles têm poder criativo. Pensamentos se transformam em palavras e ações. Se não rejeitarmos os maus pensamentos, finalmente transformaremos esses pensamentos em palavras e atitudes negativas que não agradam a Deus. (Para obter mais ajuda nessa área, sugiro que você leia meu livro *Campo de Batalha da Mente*.)

Costumamos pensar que nossos problemas são aquilo que está arruinando nossa vida, mas geralmente é nossa atitude com relação a eles que gera essa ruína. Como a Bíblia explica, "Todos os dias do oprimido são infelizes, mas o coração bem disposto está sempre em festa" (Provérbios 15:15). Todos nós encontramos pessoas que têm uma atitude maravilhosa apesar de estarem passando por provas. Também encontramos aquelas que têm dinheiro e privilégios, e, no entanto, murmuram e reclamam, são negativas e críticas, e são cheias de autocomiseração e ressentimento.

Temos mais a ver com a maneira como nossa vida se desenrola do que gostaríamos de admitir. Aprender a pensar corretamente é essencial para se ter uma boa saúde. Os pensamentos afetam as emoções, e ambos afetam o corpo. Para ser saudável, você precisa manter uma mente saudável.

Tome a decisão agora mesmo de ter uma mente saudável. A renovação de sua mente levará algum tempo e esforço. Você precisa aprender maneiras novas e positivas de pensar. Ler a Palavra de Deus pode ajudá-la a fazer exatamente isso.

Outra prática excelente é criar uma visão do você ideal. Leve essa visão dentro de sua mente, e assuma o papel do você ideal, como se estivesse atuando em uma peça teatral. Diga e faça as coisas que o "você ideal" faria, em vez das que o "você de agora" faz. Em breve, você se tornará essa pessoa ideal e não estará mais atuando. Se você nunca foi uma pessoa disciplinada, mas idealmente gostaria de ser, pare de dizer: "Eu não sou disciplinada", e comece a dizer: "Sou uma pessoa disciplinada". Diga: "Pareço maravilhosa, sinto-me maravilhosa e como direito". Diga: "Adoro me exercitar e tenho abundância de energia".

Comece fazendo um esboço com palavras. Descreva suas atividades ideais, sua aparência física e seus valores ideais, e daí por diante. Torne isso concreto, de modo que pareça o mais real possível. Anotar seus objetivos ajuda a trazê-los para o mundo real e a torná-los concretos. Mantenha sua visão e uma lista de seus objetivos em algum lugar à mão, para que você possa consultá-la periodicamente e ver como está indo.

Sua lista de objetivos pode servir como um ponto de partida enquanto você está a caminho de se tornar a pessoa ideal para si mesma. Certifique-se de que os objetivos sejam parte de uma visão saudável. "Vou perder dez quilos" não é um objetivo saudável porque coloca o foco na balança em vez de colocá-lo em seu estilo de vida. "Vou controlar a quantidade de comida e me exercitar diariamente" é um excelente objetivo, e perder dois quilos este mês por causa disso é um ótimo objetivo em curto prazo.

2. Administre Seus Sentimentos

Todos nós temos emoções, mas precisamos aprender a administrá-las. As emoções podem ser positivas ou negativas. Elas podem fazer com que nos sintamos maravilhosas ou terríveis. Elas podem nos deixar entusiasmadas e empolgadas, ou tristes e deprimidas. Infelizmente, a maioria das pessoas vive de acordo com o que *sente*. Elas fazem o que *sentem* vontade de fazer, dizem o que *sentem* vontade de dizer, compram o que *sentem* vontade de comprar, e comem o que *sentem* vontade de comer. E isso não é bom, porque sentimento não é sabedoria.

Os sentimentos são instáveis; eles mudam frequentemente e sem aviso. Como os sentimentos não são confiáveis, não devemos dirigir nossa vida de acordo com o que sentimos. Você pode estar ciente de seus sentimentos e reconhecer a legitimidade deles sem necessariamente agir de acordo com eles. Deus nos deu sabedoria, e devemos andar nela, e não com base nas emoções. Sabedoria inclui bom senso; significa fazer agora a escolha que lhe trará satisfação mais tarde, com base em seu conhecimento. A sabedoria tem discernimento, prudência, discrição e muitas outras qualidades excelentes.

Nossas emoções são muito importantes. Elas nos ajudam a reconhecer como realmente nos sentimos e o que valorizamos. A boa saúde emocional é vital para uma vida boa. Mas uma vida boa também significa ser capaz de administrar as emoções, e não ser administrada por elas. Como expliquei no capítulo sobre o estresse, as emoções negativas como a ira, a falta de perdão, a preocupação, a ansiedade, o medo, o ressentimento e a amargura, causam muitas doenças ao elevarem o nosso nível de estresse.

Quanto mais saudáveis somos, mais estáveis são nossas emoções. Uma pessoa saudável pode lidar com a decepção mais facilmente do que uma pessoa que não é saudável. Ela pode permanecer estável em meio às tempestades da vida. Mas quando o corpo já está esgotado, as emoções desabam ao primeiro sinal de que alguma coisa está errada. Quando estava me alimentando mal, sem dormir e vivendo sob estresse constante, eu era dominada pelas emoções. Quando suas emoções passam por muita tensão, elas precisam de tempo para se curar, assim como um braço quebrado também precisa.

Às vezes, me parece que boa parte deste mundo está louco, e que aqueles que não estão são tristes. Quando as pessoas precisam frequentar aulas para controlar a "raiva no trânsito", é sinal de que as coisas vão muito mal. Parte dessa epidemia pode estar relacionada com a alimentação. Não passa pela cabeça da maioria das pessoas que seu bem-estar emocional dependa em parte daquilo que comem. Graças a Deus por não termos mais de ser como "a maioria das pessoas". Por intermédio da educação adequada e do desejo de viver uma vida inteira com saúde, podemos ser libertos da escravidão. Você conhece o velho ditado: "lixo entra, lixo sai". Comer alimentos de baixa qualidade e ter uma dieta rica em carboidratos está associado a quedas rápidas de glicose no sangue (hipoglicemia) o que causa não apenas fome, mas irritação, tristeza, confusão e sentimentos correlatos.

Para administrar as emoções e administrar a vida, você precisa clamar pela sabedoria dos Céus; mas para ter a clareza de mente a fim de receber a sabedoria dos Céus, é útil ter uma boa nutrição.

Para mais informações sobre esse tópico, leia meu livro *Managing Your Emotions* [Administre Suas Emoções].

3. Pense Sempre no Melhor

Podemos arruinar nosso dia rapidamente tendo os pensamentos errados. Amizades são destruídas por causa dos pensamentos errados. Acordos de negócios falham. Casamentos fracassam. É muito fácil se concentrar em tudo que está errado com seu cônjuge em vez de focar no que está certo, e em breve você irá querer se afastar da pessoa com quem está casado, quando, na verdade, você quer fugir é de sua mente negativa.

Troque a suspeita e o medo pela confiança. Confiança gera confiança. Confiar nas pessoas, e principalmente confiar em Deus, ajuda a nos manter saudáveis. Quando confiamos, ficamos relaxados e descansamos.

Isso é o velho bom senso. Considere o seguinte caso. Você está andando por uma rua desconhecida e um homem sai de casa com seu pit bull rosnando preso em uma coleira e resmunga: "O que você está fazendo em minha área?" Você pensa: *Quem é esse lunático?*, e age com raiva e desconfiança. A inimizade dele volta para ele como um bumerangue (e provavelmente o torna ainda menos amistoso). Por outro lado, se você de algum modo for capaz de ver além da desconfiança dele (quem sabe ele tenha sido assaltado recentemente?) e agir de uma forma extremamente amistosa e relaxada, provavelmente ele irá relaxar também, e você terá uma interação amistosa que melhore o dia dele e o seu.

Chame isso de "efeito bumerangue". Ou siga a Bíblia e chame-o de "colher o que você plantou". Seja qual for o nome que você dê, essa é uma velha regra. Você tem aquilo que dá.

4. Faça Pequenas Coisas

Você já saiu para tomar café da manhã com alguém cuja refeição lhe custou oito reais e ficou vendo essa pessoa se torturar por causa da gorjeta? Ela recebe duas moedas de um real de troco, mas sabe que deixar apenas um real seria sovinice. Mas será que ela deixa dois reais? Nem pensar! Isso seria demais. Em vez disso, ela perde dez minutos de sua vida tentando conseguir troco para aquela segunda nota de um real para poder deixar um e cinquenta de gorjeta e economizar cinquenta centavos, em vez de deixar uma gorjeta "excepcionalmente generosa" de dois reais.

Mas o que aconteceria se ela deixasse os dois reais? Ela teria um tempo livre precioso — um tempo que sem dúvida vale mais do que cinquenta centavos. E teria feito a garçonete ganhar o dia dela. Não que aqueles cinquenta centavos significassem muito para ela também, mas a mensagem que acompanharia aqueles cinquenta centavos significaria muito! Essa mensagem diz "obrigado", e diz que aquilo que ela faz tem valor. Talvez essa mensagem se perca — ela pode apenas recolher a gorjeta sem contar o dinheiro —, mas a pessoa generosa sempre será abençoada. Ela saberá instintivamente que fez o melhor. Que oportunidade... podemos aumentar a felicidade de alguém e a nossa com um simples troco!

Esse é apenas um pequeno exemplo das muitas maneiras pelas quais as pequenas coisas que fazemos têm repercussões surpreendentemente poderosas. As pequenas coisas definem o rumo de nossos dias. Fazer um pouco mais quando o assunto é ajudar as pessoas — seja na forma de uma gorjeta um pouco maior, de um elogio ou um presente inesperado, ou até segurando a porta para elas — custa muito pouco, e nos dá muito em troca.

Também há muitas outras maneiras de fazer as pequenas coisas. Já falei sobre como o fato de ter uma aparência atraente e competente altera a maneira como as pessoas a tratam, mas também altera seu modo de pensar a respeito de si mesma. Se eu ficar de camisola o dia inteiro e não pentear o cabelo, quando der uma olhada em mim mesma no espelho, não gostarei do que vou ver. Verei uma pessoa preguiçosa e descuidada, e é isso que pensarei a meu respeito. Mas se eu me vestir bem, ainda que vá ficar trabalhando em casa o dia inteiro, sinto-me profissional, competente e atraente, e agirei de acordo com isso.

E, naturalmente, se alguém passar em minha casa inesperadamente, não terei de dar desculpas. Não precisarei dizer: "Ai, você veio no único dia do ano em que a louça está suja, a casa está uma bagunça, e eu ainda estou de camisola. Mas não estou sempre assim!". *Não estou sempre assim* é uma frase que você nunca deve pronunciar, porque ela raramente é verdade. Se você está assim um dia, você vai estar assim em outro dia, e provavelmente em muitos outros.

Se você não quer estar "assim", certifique-se de não estar mesmo. Faça todas as pequenas coisas que uma pessoa que tem sinceridade, fé, amor próprio e excelência faria, e descobrirá que você é essa pessoa! Devemos cuidar bem de nós mesmas primeiramente para Deus e em segundo lugar para nós mesmas. Não me limpo nem tento ter uma ótima aparência quando estou em casa para impressionar os outros; não existe ninguém ali para impressionar. Faço isso para o Senhor e para mim. Tenho de olhar para mim mesma e quero estar satisfeita com o que vejo.

5. Seja Parte de Algo Maior Que Você Mesma

Como discuti na "Chave 1: Deixe que Deus Faça o Trabalho Pesado", e em outros momentos, você terá muito mais sucesso em todos os seus empreendimentos se fizer com que eles tenham a ver com algo além de VOCÊ. Nada pode tornar sua visão mais "correta" do que saber que você está trabalhando para a glória de Deus, e que seu destino final é o Reino Dele. Há muito trabalho a ser feito na Terra, e uma enormidade de maneiras de executá-lo. Seja trabalhando com os menos afortunados, ajudando crianças a se tornarem adultos fortes e felizes, ou compartilhando as Boas Novas ao máximo, nada é mais realizador ou torna o fazer a coisa certa mais fácil do que saber que você é parte da visão mais grandiosa de todas!

• • •

TOME UMA ATITUDE

"Sejam praticantes da Palavra, e não apenas ouvintes".

Tiago 1:22

Escolha pelo menos uma atitude que você pode tomar para desenvolver sua visão. Anote-a, *comprometa-se com ela,* e comece hoje.

ATITUDE: _____

CHAVE 11

Facilite as Coisas

Parabéns! Você conseguiu passar por todas as partes difíceis deste livro, e ainda está prosseguindo. Você tem todas as ferramentas e dicas de que precisa à sua disposição para criar uma vida de grande saúde, que é refletida por dentro e por fora. Se você é uma pessoa apaixonada, como eu, provavelmente está ansiosa para se lançar em seu novo estilo de vida, abraçar tudo isso o mais depressa possível. Se esse é seu caso, então meu propósito ao escrever este livro foi atingido.

Mas deixe-me ser a primeira a dizer *opa*. Vá com calma. Se você fechar este livro, colocar seus tênis e começar a andar oito quilômetros por dia enquanto faz frango caipira para o jantar, bebendo oito copos de água, preenchendo seu diário da gratidão e meditando em sua mesa de trabalho todos os dias, você ficará sobrecarregada.

Chave 11

Esse é um caso de "Faça o que eu digo, mas não faça o que eu faço". Sou o clássico exemplo da pessoa que tenta fazer demais e rápido demais. Tenho a tendência de tomar decisões rápidas e de ter expectativas não realistas. Não sei dizer quantas vezes me prejudiquei porque tentei fazer coisas demais. Meu marido Dave, que é muito paciente e que se exercitou a vida inteira, tenta me dizer seguidamente para eu começar devagar, mas "devagar" é uma palavra que não existe em meu vocabulário. Se seu temperamento é como o meu, espero que você possa aprender com meus erros.

A maioria dos seres humanos quer tudo rápido, mas Deus não tem pressa. Ele está nessa com você até o fim. Ele livrará você de todas as coisas que a aprisionam pouco a pouco. Demoramos muito tempo para deixar nossa vida um caos, e levará algum tempo para vermos as coisas se transformarem. Não exija demais de si mesma, principalmente no início. Você tem muito a aprender e absorver. Há uma razão para eu ter lhe pedido para tomar apenas uma atitude para cada chave, e não dez!

O maior favor que você pode fazer a si mesma é não estabelecer padrões elevados demais no início. Se você tiver expectativas irreais, provavelmente acabará desanimando. As pessoas que tentam consertar tudo que está errado em uma semana geralmente desistem. Lembre, essas mudanças devem durar por toda a vida!

Descobri que o segredo do sucesso em qualquer projeto de longo prazo é facilitar as coisas. Isso é um tapa no rosto do que tantos livros de autoajuda proclamam. "Não há bônus sem ônus". Uma vez que a dor (o ônus) é a maneira do corpo lhe dizer para PARAR de fazer alguma coisa, talvez essa frase não faça muito sentido afinal. Você não precisa se obrigar a ir até o limite de sua capacidade, a não ser que esteja treinando para a Olimpíada. Você melhorará simplesmente por fazer alguma coisa com regularidade. E a única maneira de fazer isso regularmente é se você não se importar em fazê-lo. Para a maioria de nós, as recompensas devem ultrapassar nitidamente a inconveniência. Tudo com o que você se importa é o resultado, e você não ganha pontos a mais por sua tenacidade ou força de vontade extrema, portanto, não torne as coisas demasiadamente difíceis para você.

Não estou dizendo que seu novo programa será sempre fácil, porque não será. Todas as vezes que quebramos velhos hábitos e criamos hábitos novos que são bons para nós, teremos desafios. Você terá definitivamente de resistir à tentação de desistir e estar disposta a seguir em frente durante esses momentos em que seu progresso não estiver indo tão depressa quanto você gostaria. O que estou dizendo é que você pode facilitar as coisas para si mesma tanto quanto possível.

Você pode fazer diversas coisas para tornar seu novo estilo de vida um ajuste relativamente indolor. Na verdade, é recompensador pensar com antecedência sobre o contexto no qual você introduzirá seus novos hábitos. Se você vai começar a caminhar um quilômetro e meio por dia, quando vai começar a fazer isso? Tente escolher um momento em que você não vá se sentir pressionada a desistir. ("Mas, mãe, preciso que você me leve para o treino agora!") Onde você vai caminhar? Você vai sozinha ou com outra pessoa? Organizar sua vida para que seus novos hábitos saudáveis se encaixem é a chave para um compromisso de longo prazo.

De que maneiras você pode introduzir um reforço positivo em seu plano? De que maneiras você pode eliminar a tentação de desistir? Existem pessoas a quem você pode se unir, que podem apoiar seus objetivos? Será que você deve abrir mão daquele "clube da sobremesa" do qual você faz parte há dois anos? Você pode planejar férias com foco na saúde e na boa forma? Ou no relaxamento e refrigério espiritual? Se levarmos isso a sério, existem várias formas pelas quais a maioria de nós pode consertar nossa vida para ajudar a tornar o sucesso mais fácil que o fracasso. Quando o fracasso exige mais trabalho que o sucesso, ele não acontece. Esse é o motivo pelo qual sei que você pode ter êxito. Creio que você está a caminho de duas grandes coisas. Estarei torcendo por você e espero ansiosamente ouvir notícias sobre sua vitória!

Cinco Maneiras de Tornar o Sucesso Fácil

1. Dê Pequenos Passos

Caminhar um quilômetro e meio exige cerca de 2 mil passos. Não existem outras opções ou atalhos. E cada um desses passos é um pequeno sucesso que a leva para mais perto de seu objetivo. O mesmo acontece com qualquer outro grande objetivo. No capítulo anterior, falei sobre a importância de colocar sua visão em seus sonhos e objetivos, e agora vou lembrá-la o quanto é essencial decompor esses objetivos em passos passíveis de serem dados.

Se você se concentrar somente em seus objetivos finais, será fácil se perder no meio do caminho. Mais uma vez, pense neles como dirigir de Salvador para o Rio de Janeiro. Seu objetivo final é o Rio de Janeiro, e você precisa ter em mente para onde está indo, mas antes de começar a pensar no Rio de Janeiro, você precisa encontrar a entrada para a cidade e começar a se dirigir para o sul.

Planeje seus objetivos de curto prazo a fim de ter alguma coisa que esteja dentro de seu alcance para aspirar. Anotar esses objetivos lhe dará a noção de estar no rumo certo ou não. Por exemplo, se seu objetivo final é caminhar cinco quilômetros por dia, cinco dias por semana, você pode começar com apenas um quilômetro três vezes por semana. Ou a quantidade que você *acredite* que pode fazer. Na semana seguinte, você pode tentar dois quilômetros nos mesmos três dias, e daí por diante, aumentando lentamente suas realizações sem correr o risco de fracassar e se decepcionar. Não menospreze as pequenas vitórias. Pequenos sucessos geram grandes sucessos. Lembre, você não precisa provar nada a ninguém a não ser a si mesma! Atingir objetivos realistas de curto prazo a encorajará a prosseguir em direção ao grande prêmio.

2. Ria dos Revezes

Independentemente do quanto você planeje seu progresso com cuidado, você sofrerá revezes. Isso faz parte da vida. Uma das grandes diferenças entre pessoas de sucesso e pessoas derrotadas não é o fato de elas sofrerem revezes ou não, e nem mesmo a frequência desses revezes, mas a maneira com elas reagem a eles. Pessoas de sucesso são capazes de rir dos revezes e voltar a "montar no cavalo".

Ter um dia ruim não significa que você tem de ter uma vida ruim. Não seja como os israelitas que queriam voltar para o Egito toda vez que tinham um dia ruim no deserto enquanto viajavam para a Terra Prometida. Você está sendo liberta do cativeiro do Egito e indo para a Terra Prometida, que é parecer maravilhosa e sentir-se maravilhosa, mas você terá dias de deserto. Dias em que seu programa não será tão empolgante quanto parecia no início. Dias em que você se sentirá imprestável. Tudo bem. Não seja dura consigo mesma nesses dias. Seja atenciosa e apoie a si mesma, como faria com qualquer pessoa a quem você ama. Lembre-se de que dez dias andando para frente e um dia andando para trás ainda a levarão para onde você está indo.

Considere a hipótese de anotar suas vitórias à medida que elas acontecerem. Mantenha um diário de sua jornada em direção a uma saúde perfeita, por dentro e por fora, e registre todos os pequenos sucessos. Quando você tiver um dia desanimador ou um dia em que você sente que fez tudo errado, leia seu diário. Você ficará surpresa com a distância que já avançou.

3. Torne as Coisas Convenientes

Se você é uma pessoa ocupada — e quem não é? —, terá de encontrar meios de encaixar as doze chaves em sua programação.

Exercitar-se requer tempo. Preparar ou encontrar alimentos saudáveis para comer requer tempo. Ler rótulos requer tempo. Orar requer tempo. Até reduzir o estresse pode requerer tempo! Felizmente, existem maneiras de tornar todas essas coisas convenientes. E não existe um lado negativo da conveniência, porque não é o quanto você se esforça em tentar que importa, mas sim os resultados.

Por exemplo, não pense que para comer de forma saudável você nunca mais pode comer *fast food* novamente e só deve comer no restaurante vegetariano do bairro. Todas as principais cadeias de *fast food* foram pressionadas a oferecer alternativas saudáveis, e depois de alguns passos errados, elas melhoraram muito nisso. Todas elas oferecem saladas com frango grelhado ou outras opções saudáveis. Evite frituras e bebidas açucaradas e você poderá se sair muito bem com o *fast food* se não tiver outra escolha. E os supermercados agora oferecem tudo, desde *sushi* para viagem a sacos de verduras lavadas para salada, o que significa que a alimentação saudável nem sempre exige horas na cozinha.

O exercício é conveniente quando não exige que você dirija para nenhum lugar, tenha de ter equipamentos especiais, ou sobrecarregue seu dia de qualquer outra forma. Uma volta no quintal já transformou mais de um viciado em televisão em um malhador duro na queda. Uma corrida pela manhã antes da chuveirada habitual leva apenas alguns minutos e pode ser feita antes que ninguém nem mesmo perceba que você saiu de casa. Caminhar na hora de almoço em seu trabalho ou usar a sala de ginástica da empresa requer muito pouco "esforço" de sua parte. Escolha um programa de exercícios que seja algo que você possa fazer. Não escolha algo dispendioso que roube duas horas de seu dia.

Escolha penteados e roupas que a façam sentir-se bem consigo mesma, mas que exijam pouca manutenção de sua parte. Você pode ter uma ótima aparência e ainda assim estar confortável.

Escolha o lugar onde vai morar com base no que tornará seus objetivos de um estilo de vida saudável convenientes, e não com base em um bairro de prestígio ou no valor fantástico de revenda do imóvel. Você pode dar uma caminhada logo ao sair pela porta da frente? A igreja, a escola e o trabalho ficam a uma distância fácil, que pode ser percorrida em um trajeto de carro sem estresse, ou ficam a uma hora de viagem irritante? Faça o que é simples e você desfrutará mais sua vida!

Que outras maneiras tornarão as escolhas por um estilo de vida saudável mais fáceis que as alternativas?

4. Divirta-se

Seja realista. Você só continuará fazendo as coisas se gostar delas. Deus quer que desfrutemos a vida ao máximo. Encontre um exercício de que *goste*. Encontre vegetais de que *goste*. Não se obrigue a comer feijão verde se você o odeia; o tiro vai sair pela culatra.

O exercício pode ser divertido se você combiná-lo com uma oportunidade para socialização, para fazer compras ou para outra coisa qualquer que você já gosta de fazer. Se é alguma coisa que você odeia e tem de se obrigar a fazer, não durará muito.

Obviamente, você só recebe os benefícios espirituais e de saúde da igreja se gosta de estar lá. Procure até encontrar uma igreja que esteja de acordo com suas convicções e com seu estilo de adoração. Poucas coisas são tão divertidas quanto sentir o Espírito de Deus se mover poderosamente através de você e do resto da congregação.

Vale a pena pensar com atenção sobre esse ponto. Mantenha o conceito de diversão no fundo de sua mente o tempo todo enquanto você trabalha para ter um estilo de vida saudável, porque você não está se tornando saudável para ser infeliz. O objetivo é desenvolver uma vida de alegria espiritual e emocional, e essa deve ser parte da recompensa ao longo do caminho.

5. Recompense a Si Mesma

Não subestime o poder dos prêmios de consolação. Dar-se de presente aquele par de sapatos novos que você queria depois de atingir seu objetivo de curto prazo pode ser um esquema motivacional bastante transparente, mas ainda funciona! Não há nada de errado em querer se sentir bem. A recompensa funciona muito melhor do que a crítica. E lembre, Deus se agrada quando você cuida de si mesma. Você tem valor aos olhos Dele.

Quando você definir seus objetivos de curto e longo prazo, vá em frente e anote algumas recompensas para si mesma juntamente com eles. Isso lhe proporcionará alguma coisa em que pensar quando estiver se esforçando para completar aquela última volta na piscina ou quando estiver se obrigando a passar direto pelo balcão de doces. "Só mais cinco braçadas e comprarei aquele CD novo". Certifique-se de que as recompensas sejam apropriadas — grandes recompensas por atender seus objetivos principais e símbolos menores para os reforços positivos diários. Apenas saber que você esta atingindo seus objetivos com sucesso pode ser motivação suficiente para você.

A celebração pode ser uma grande parte de tudo isso. Celebrações e festas ajudam a dar estrutura à sua jornada e deixam você refletir sobre o que realizou. Elas também permitem que seus amigos e sua família saibam o quanto seus novos objetivos são importantes para você — e ter o apoio deles pode fazer toda a diferença.

• • •

TOME UMA ATITUDE

"Sejam praticantes da Palavra, e não apenas ouvintes".
Tiago 1:22

Escolha pelo menos uma atitude que você pode tomar para tornar seu estilo de vida saudável mais fácil para você. Anote-a, *comprometa-se com ela*, e comece hoje.

ATITUDE: _____

CHAVE 12

Assuma a Responsabilidade

Um dos maiores problemas da sociedade hoje é que as pessoas não querem assumir a responsabilidade por sua vida. Elas querem um paliativo. A sociedade as treinou para acreditar que se elas têm problemas, alguém é responsável. Seus pais são responsáveis. Seus cônjuges são responsáveis. Sua escola ou seu chefe são responsáveis. A empresa que fez cigarros, veículos ou *junk food* é responsável.

Não gosto dessa mentalidade passiva. Talvez seus pais tenham lhe dado excesso de *junk food* quando você era criança, ou nunca tenham encorajado você a se exercitar. Talvez você tenha o "gene da economia" que lhe dá mais probabilidade de armazenar gordura do que as pessoas em geral. Talvez você tenha um emprego de sessenta horas semanais com viagens longas, o que deixa pouco tempo para fazer uma refeição caseira. Seja qual for seu estilo de vida, você precisa fazer dela a melhor possível.

Chave 12

Não estou dizendo que você seja responsável pelo atual estado em que sua vida está. Muitos acontecimentos incontroláveis ocorrem em nossa vida. Às vezes recebemos mensagens muito negativas na infância. Às vezes temos pessoas más em nossa vida, que nos machucam. A situação na qual você está pode ser culpa sua ou não. Mas ela é culpa sua se você continuar parada! Você não precisa permanecer nessa situação negativa. Você precisa fazer uma escolha. E essa escolha é cem por cento sua.

Meus pais não me ensinaram nada sobre nutrição porque eles não sabiam nada a respeito disso. Isso me dá passe livre para comer mal? Não, eu tive de assumir a responsabilidade e me educar nessa área. Muitas pessoas de minha família estavam acima do peso. Seria muito fácil dizer: "Isso está em minha genética". Embora a estrutura corporal seja algo que herdemos, isso não é desculpa para permanecermos vivendo de forma não saudável.

Não importa como você chegou ao estado em que está hoje, não permita que isso seja uma desculpa para continuar assim. Eu tinha muitas desculpas e motivos para minha saúde ruim, para minha atitude negativa, e para minha vida desequilibrada. Enquanto ficava dando desculpas, eu nunca conseguia progredir.

Assumir a responsabilidade pelo estado em que estamos é essencial para progredirmos. Botar a culpa nos outros nos mantém aprisionados. Talvez em curto prazo isso possa afastar um pouco nosso sentimento de culpa, mas em longo prazo apenas prolonga nosso sofrimento.

Uma mulher que trabalha para mim tem uma estrutura óssea larga. Se você colocá-la lado a lado com sua mãe, verá que elas são exatamente iguais. Essa mulher não pode fazer nada quanto à sua estrutura óssea, e ninguém sequer repara que a estrutura dela é um pouco maior. Ela poderia dar desculpas e se deprimir, culpar seus genes ou seu destino, em vez disso, ela vive de forma responsável. Sua recompensa por ser responsável é que ela é feliz e vive plenamente.

O Poder do Livre Arbítrio

Tudo seria muito fácil se Deus não tivesse nos dado o livre arbítrio. Andaríamos a esmo por nossos dias, como robôs, comendo o fruto que caísse em nossas mãos e esperando pelo próximo acontecimento. Mas Ele nos deu o livre arbítrio, que nos dá uma tremenda responsabilidade, mas também a possibilidade de termos alegria e realização completas.

Deus lhe dará todas as ferramentas de que você precisa na Terra para atingir sua plenitude espiritual. Mas cabe a você pegar essas ferramentas e colocá-las em funcionamento restaurando sua saúde e renovando o templo de Deus. Ele pode facilitar as coisas para você ao máximo — e, ao escrever este livro, tentei ajudar dando algumas informações, orientações e dicas úteis —, mas Ele não pode fazer o trabalho por você. O trabalho é uma parte essencial da realização, uma parte essencial do processo de libertação de sua alma do cativeiro. Quando você está nas profundezas da autocomiseração, o livre arbítrio pode ser terrível, e uma pressão e uma responsabilidade que você não deseja. Mas quando você assume o compromisso de manter seu corpo e sua alma como deve para ser uma pessoa de excelência e poder, você descobre que o livre arbítrio é seu bem mais precioso.

É por isso que você precisa evitar a autocomiseração (sentir pena de si mesma) a todo custo. Essa é uma emoção que se autoalimenta e rouba sua força. Você precisa de força para se tornar a pessoa que foi criada para ser, e você não pode sentir autocomiseração e ser forte ao mesmo tempo. Tive um grande problema de autocomiseração nos primeiros anos de minha vida, e só comecei a progredir quando parei de sentir pena de mim mesma.

Sentimo-nos melhor com nós mesmas quando encaramos a vida com ousadia, prontas para sermos responsáveis e para prestarmos contas por nossos atos. Você não precisa se esconder de nada.

Você pode fazer o que precisar fazer na vida. Você pode ter uma aparência saudável e atraente. Você pode se sentir ótima por dentro e por fora. Você pode viver uma vida que a mantenha em forma e feliz até a velhice. Tudo depende de você. Com Deus você está pronta para qualquer coisa. Encare sua vida e nunca volte atrás!

Uma Maneira de Assumir a Responsabilidade por Sua Vida

Até agora eu lhe dei cinco opções para colocar em prática cada uma das doze chaves e desfrutar sua vida plenamente. Agora, na última chave, estou mudando as coisas. No tocante a assumir a responsabilidade pela própria vida, não há espaço para negociações, não há alternativas para maneiras de se começar. Chegou a hora de ser muito sincera com você mesma e com Deus. Ou você faz isso ou não faz. Se usar tudo que aprendeu neste livro, você poderá facilmente romper com seus velhos hábitos e transformá-los. Tome a decisão de fazê-lo. Quando tiver um momento de privacidade, respire fundo, limpe sua mente, e repita esta frase:

"Sou responsável por minha vida. Ninguém pode assumir o controle dela a não ser eu. Se eu for infeliz ou não tiver saúde, sei que tenho o poder para mudar isso. Tenho toda a ajuda e todo o conhecimento de que preciso, e, com a mão de Deus, hoje começo a me tornar a pessoa de excelência que eu sempre soube que poderia ser".

Parabéns. Obrigada por empreender esta jornada comigo, e que as bênçãos de Deus repousem sobre você ao longo da jornada empolgante e maravilhosa que acaba de começar.

TOME UMA ATITUDE

"Sejam praticantes da Palavra e não apenas ouvintes".
Tiago 1:22

Opte por assumir o controle de sua vida. Anote sua decisão, *comprometa-se* com ela, e comece hoje.

ATITUDE: _____

Epílogo

Pratique o que Você Prega: Seja um Modelo de Autoestima para a Próxima Geração

Pareça Maravilhosa, Sinta-se Maravilhosa é um livro sobre como se transformar em uma pessoa cheia de alegria e excelência, em uma pessoa cuja saúde e vitalidade são demonstradas lindamente em quem você é e em tudo o que faz. Uma coisa sobre a qual falei muito é a maneira como nossos maus hábitos nos são praticamente impostos por uma cultura que os torna mais convenientes e encorajadores do que as alternativas saudáveis. Grande parte desse processo se inicia cedo em nossa vida. Se você chegou a este ponto e se libertou desses vínculos culturais negativos, você deve entender o problema: logo atrás de você está vindo toda uma nova geração que também precisa de salvação.

Se existe alguma coisa mais triste que os abusos impostos sobre os adultos por uma cultura que desdenha a saúde, é o terrível impacto que isso exerce sobre nossas crianças. Quando pensamos na infância, mal conseguimos separar isso da ideia de atividade. A infância tem a ver com correr por aí, brincar no gramado ou no parque, andar a pé ou de bicicleta, nadar em piscinas e lagos, e fazer esportes. Mas se você não tem observado recentemente as escolas de hoje, talvez você fique chocada se o fizer, porque a infância não tem mais a ver com essas coisas.

Atualmente, as crianças enfrentam uma epidemia de obesidade. O número de crianças e adolescentes acima do peso triplicou desde os anos 1970, de cinco por cento a quinze por cento, e está aumentando mais rápido do que nunca. A obesidade é muito difícil para as crianças. Ela não apenas vem acompanhada de uma grave bagagem social e emocional, como também as predispõe a uma vida de saúde fraca. As crianças que estão acima do peso correm o dobro do risco de desenvolverem pressão alta, doenças cardíacas e diabetes tipo 2. O tipo 2 era conhecido como diabetes adquirido na vida adulta porque nunca era visto em crianças. Isso já não corresponde mais à realidade. Agora vemos sinas de danos às artérias em crianças de três anos que comem a dieta típica norte-americana. Crianças de três anos! Esses pequeninos mal aprenderam a falar e nós estamos impondo a eles uma vida inteira de problemas de saúde. Um terço das crianças de hoje desenvolverão diabetes durante a vida. Não podemos deixar isso continuar.

Não pense que o problema desaparece na idade adulta. Crianças acima do peso acham difícil mudar as coisas quando crescem. Seu corpo e sua mente "aprendem" a viver acima do peso. Na verdade, um estudo sobre mulheres formadas em Harvard demonstrou que o risco de elas desenvolverem doenças como câncer e doenças cardíacas estava diretamente relacionado a seu nível de exercício quando adolescentes. Se outros estudos sustentarem essa conclusão, nesse caso, o exercício durante a adolescência pode ser a maneira mais importante de se prevenir doenças posteriormente ao longo da vida. De certa forma isso é uma ótima notícia, porque significa que como mãe ou professora, você tem a chance de dar às crianças um presente que perdura por muito tempo, muito depois que elas tiverem deixado o ninho.

Você pode calcular os motivos dos problemas de peso das crianças, porque eles não são diferentes dos fatores que afetam os adultos. Os maus hábitos alimentares são um problema, mas o pior culpado é a velha falta de exercício. Os Vigilantes do Peso calculam que comer demais seja o fator responsável por trinta por cento do problema, ao passo que a falta de exercício é responsável por cinquenta por cento; e um estudo do governo dos Estados Unidos feito em 2002 concluiu que a única maneira de se resolver o problema é colocando o foco no exercício.

Isso vai ser fácil? Não. Como qualquer pessoa que criou filhos adolescentes pode lhe dizer, é mais fácil lutar com um urso do que convencer adolescentes a mudar seus hábitos. Se você quer plantar bons hábitos em adolescentes, comece a trabalhar nisso quando eles são jovens, inocentes e ainda acreditam que você sabe de alguma coisa. Se você mora em um bairro onde as crianças podem brincar na rua com os amigos, você já ganhou metade da batalha. Mas em muitos bairros as crianças *não podem* brincar com segurança do lado de fora. Uma criança comum assiste a três horas de TV todos os dias. Nessas três horas elas não apenas estão sentadas, mas estudos mostram que elas queimam menos calorias assistindo à TV do que ficando *sentadas e paradas!* O pior é que essas três horas por dia somam um total de 10 mil comerciais por ano, cuja maioria é de *junk food* ou *fast food*. Isso é um problema duplo: A TV não apenas impede que seus filhos se exercitem, mas ao mesmo tempo os ensina a querer comida de má qualidade.

A solução mais fácil é limitar o tempo que seus filhos ficam expostos à TV. Faça com que eles brinquem ou façam alguma coisa construtiva. Faça com que eles usem a mente e produzam alguma coisa para se movimentar. Eles ficarão com o humor melhor nessa noite. Se seu filho é alguém que gosta de participar de atividades esportivas, ótimo. Se não, não o obrigue a isso, ou você terá alguém que odiará o esporte por toda a vida. Existe um milhão de outras maneiras de tornar o exercício divertido e fácil e que não envolve bolas e treinadores.

Uma das melhores maneiras de você gerar um amor eterno pelo exercício em seus filhos é iniciando uma tradição de caminhadas em família quando eles são pequenos. Até as crianças de três anos podem ser ótimas amantes das caminhadas. Ao fazer caminhadas em família, você está sendo um *modelo* de bom comportamento para seus filhos, o que é essencial. "Faça o que eu digo, mas não faça o que eu faço" é algo que não funciona com as crianças. As crianças são espertas e seguem o seu exemplo. Se você caminha, e elas caminham, você não precisa dar um sermão sobre por que o exercício é importante. As palavras são desnecessárias.

Os benefícios das caminhadas em família também vão além disso. Você descobrirá que a pausa durante as caminhadas é uma oportunidade natural para se falar sobre coisas e para descobrir o que está acontecendo na vida de seus filhos. É uma ótima ocasião para se estreitar os laços.

Quando as crianças entrarem na adolescência, elas estarão menos inclinadas a caminhar com você, mas existem muitas maneiras de mantê-las em atividade. Os bairros onde as crianças ainda podem ir a pé para a escola são muito raros hoje em dia, mas se você tiver a sorte de morar em um deles, certifique-se de tirar vantagem disso. Na pior das hipóteses, elas podem andar até o ponto de ônibus. Tente adotar tarefas que envolvam exercício: cortar a grama, varrer as folhas e levar o cachorro para passear são três bons exemplos. Se você precisa de alguma coisa da mercearia que fica a um quilômetro e meio de sua casa, essa tarefa vem com o rótulo "missão para um adolescente".

Fazer do exercício parte da vida doméstica das crianças é mais importante do que nunca, porque as escolas simplesmente não estão ajudando nesse aspecto. A atividade física é um dos primeiros programas a serem cortados quando o orçamento fica apertado. O que mais eles cortariam? As aulas de português? O recreio também está ficando de lado. À medida que vão cortando cada vez mais atividades, as escolas estão desesperadamente tentando se manter firmes em seu papel de tomar conta da mente das crianças, deixando o corpo completamente a cargo dos pais e das escolinhas de futebol.

Isso já é bastante ruim, mas algo muito mais assustador está acontecendo em nossas escolas. Se você ainda não ouviu falar a respeito, deixe-me ser a primeira a soar o alarme. Desesperadas por dinheiro, as escolas estão dando as boas-vindas às máquinas de venda de refrigerantes em seus pátios. Os fabricantes de refrigerantes pagam 100 mil dólares por ano pelos direitos exclusivos de colocarem seus produtos nas escolas, porque sabem que um consumidor adolescente geralmente ficará viciado por toda a vida.

O que o excesso de refrigerantes faz com um corpo jovem? Para os iniciantes, ele bombeia centenas de calorias vazias para dentro do corpo — calorias que acrescentam quilos sem nenhuma nutrição. Com trinta gramas ou mais de açúcar por copo, o refrigerante é o caminho fácil para o diabetes. Mas o impacto negativo do refrigerante vai ainda mais longe. Os refrigerantes são cheios de ácido fosfórico, que precisa ser digerido no aparelho digestivo. O cálcio é a melhor maneira de fazer isso. De onde o corpo retira esse cálcio? Dos ossos. Uma dieta constante de refrigerantes remove o cálcio dos ossos jovens no pior momento possível: a metade da massa óssea se desenvolve durante a adolescência. Isso ajuda a explicar por que os adolescentes que tomam refrigerantes têm três vezes mais probabilidade de sofrer fraturas ósseas do que os que não tomam refrigerantes.

É claro que a maioria das adolescentes *toma* refrigerante, o que pode estar por trás dos resultados alarmantes de um recente estudo feito pela Mayo Clinic. O estudo descobriu que, ao longo dos últimos trinta anos, a taxa de fraturas de pulso e de antebraço das meninas aumentou em *cinquenta e seis por cento!* A taxa também aumentou entre os meninos. O motivo é provavelmente o fato de que os adolescentes agora estão tomando menos leite e mais refrigerantes do que costumavam fazer anteriormente. As crianças devem ingerir pelo menos quatro porções de laticínios por dia. Suas crianças fazem isso? Se seus filhos não gostam de leite, queijo ou iogurte, outras boas fontes de cálcio incluem verduras, brócolis e sardinha. ("Legal, mamãe, são nossos favoritos!")

Além de limitar a ingestão de refrigerantes de seus filhos, você pode fazer maravilhas pelos ossos deles por meio dos exercícios de resistência. Os médicos costumavam acreditar que os exercícios de resistência podiam atrapalhar o desenvolvimento do corpo, mas agora sabemos que as rotinas moderadas de exercícios podem ter um impacto positivo e seguro sobre os adolescentes. Na verdade, os benefícios dos exercícios de resistência em adolescentes superam em muito o que vemos nos adultos. Um estudo de meninas *skatistas* que tinham em média dez anos de idade descobriu que apenas a prática de exercícios de resistência duas vezes por semana aumentou sua resistência em sessenta e sete por cento, seu salto vertical em treze por cento e aumentou sua pontuação nas competições. E é claro que isso também fez maravilhas pela autoconfiança delas.

A autoconfiança pode ser a chave quando tratamos de problemas de peso entre os adolescentes. Muito frequentemente, essas duas coisas andam juntas. Qual delas é o ovo e qual é a galinha, não importa. As crianças assistem à TV e jogam videogame, ficam acima do peso, e depois sofrem provocações e se sentem mal consigo mesmas? Ou as provocações e a falta de autoestima as levam a ficar mais dentro de casa, a comer como uma forma de compensação e a ganhar peso? De uma forma ou de outra, o que você precisa fazer é colocá-las em um caminho melhor, com hábitos melhores e com uma autoconfiança melhor. O que você não quer é fazer com que elas se sintam pior com relação ao peso — elas já se sentem suficientemente mal.

Para alcançar resultados sem fazer disso um problema, recomendo tirar o foco do peso e colocá-lo na boa forma. Não diga a seu filho adolescente: "Você precisa perder peso!". Em vez disso, apresente a ele os princípios básicos da boa forma e da nutrição. Os adolescentes se interessam pela forma como seus corpos funcionam e gostam de aprender. Faça com que eles leiam alguns capítulos deste livro e eles estarão prontos para um grande começo. Se você está dando o exemplo do comportamento que quer que eles imitem, melhor ainda. Saiam para caminhadas em família, ou para passeios depois do jantar, que fazem com que as crianças caminhem, sem ter de arrastá-las à força. Seja o que for que você faça, não as compare com os irmãos mais velhos. Essa é uma maneira segura de gerar uma baixa autoestima.

Distúrbios Alimentares

Se a má notícia é que a obesidade entre adolescentes está aumentando de forma avassaladora, a boa notícia é que ela agora está no radar de todos. O mesmo acontece com os distúrbios alimentares, mais um dos problemas alimentares dos adolescentes. Dez milhões de mulheres nos Estados Unidos sofrem de anorexia ou bulimia, assim como milhões de homens. Esses distúrbios costumam surgir na adolescência. A anorexia é como uma dieta que saiu do controle. A pessoa resiste à alimentação e vai definhando até que surgem graves problemas de saúde, inclusive diminuição dos batimentos cardíacos, pressão baixa, osteoporose, perda muscular, desidratação e perda de cabelos. A bulimia, que é caracterizada por ciclos de comer e purgar (geralmente por meio de vômitos), pode causar a ruptura do estômago ou do esôfago, cáries dentárias (causadas por ácidos estomacais) e problemas intestinais.

Você raramente encontrará uma única causa para os distúrbios alimentares, mas as mensagens veiculadas pela mídia são definitivamente um dos fatores. Nossa cultura glorifica a magreza, e as revistas voltadas para as jovens mulheres são alguns dos principais criminosos. As meninas que são pressionadas ou ridicularizadas por causa de sua altura ou seu peso têm maior probabilidade de desenvolver distúrbios alimentares, assim como meninas que sofreram abuso físico ou sexual, ou que têm uma vida altamente estressante e são pouco controladas.

Os sinais dos distúrbios alimentares incluem intensa perda de peso, preocupação com comida, depressão ou baixa autoestima, e às vezes uma obsessão por exercícios (como uma forma de fazer o corpo "desaparecer"). Se você reconhecer esses sintomas em uma criança, preste muita atenção. O tratamento para os distúrbios alimentares geralmente leva algum tempo e inclui psicoterapia, apoio em grupo e aconselhamento nutricional. Os casos graves podem exigir hospitalização até que a alimentação seja normalizada.

A melhor solução, naturalmente, é prevenir que os distúrbios alimentares primeiramente comecem, ensinando as crianças a terem uma imagem corporal e um estilo de vida saudável. Eis algumas maneiras de fazer exatamente isso.

Epílogo

Dez Maneiras de Trazer a Boa Forma e a Autoestima à Vida das Crianças

1. Seja um Exemplo de Bom Comportamento

Tudo que você faz é monitorado de perto pelos pequeninos olhos dentro de sua casa. Se você permanecer em atividade, se exercitar regularmente, deixar a TV de lado e fizer refeições saudáveis, seus filhos farão o mesmo — ainda que a princípio pareça que não.

2. Aumente Seu Orçamento Escolar

Quando as escolas são obrigadas a reduzir orçamentos, a atividade física é a primeira a ser cortada. Os programas após o horário escolar vêm em seguida. Faça com que sua cidade dê apoio financeiro às escolas. Escolas saudáveis fazem uma comunidade saudável. Se você quer realmente ser ativa, encoraje as escolas a introduzirem mais esportes cooperativos e menos esportes competitivos. Muitos estudantes, principalmente meninas, são indiferentes a esportes que enfatizam vencedores e perdedores. Eu adoraria ver os treinadores dedicarem mais tempo ao ensino da boa forma e apresentarem isso às crianças, assim como a armarem as redes de vôlei.

3. Controle os Refrigerantes

Substitua pelo menos parte do consumo de refrigerantes de seus filhos adolescentes por leite e você ajudará a garantir ossos fortes por toda a vida. Ou substitua uma mistura de suco e água gasosa por água gasosa pura ou suco de frutas. Você corta as calorias pela metade e faz com que eles fiquem menos viciados no gosto do açúcar. Se seus filhos bebem muito leite integral e têm problemas com o peso, mude para leite semidesnatado. Se você já toma leite semidesnatado, mude para leite desnatado. Suas papilas gustativas se adaptarão depressa e você não sentirá falta da gordura desnecessária.

4. Ajude-os Enquanto Eles São Jovens

Quanto mais cedo você iniciar em seus filhos um comportamento saudável, mais natural isso parecerá a eles. Quando eles chegam ao período da adolescência, é difícil fazê-los mudar os hábitos. Mas mesmo que você comece nessa fase, é muito melhor do que esperar até à idade adulta, porque a maior parte do desenvolvimento importante do corpo está completa por volta dos dezoito anos.

5. Faça com que Eles se Mexam

Se os adolescentes fizerem exercícios aeróbicos três vezes por semana — como caminhar, correr, andar de bicicleta, nadar ou atuar em esportes no colégio — eles estarão em grande forma. Se acrescentarem duas sessões de musculação por semana, eles ficarão fortes, seguros e terão uma boa forma física. Não permita que eles se esforcem na mesma medida que os adultos, mas os exercícios moderados podem ser os melhores amigos de um adolescente.

6. Dê Atenção Especial ao Café da Manhã e ao Almoço

Eu não ficaria surpresa se conseguíssemos cortar a obesidade infantil pela raiz fazendo com que as crianças se sentassem e tomassem um café da manhã de verdade antes de saírem de casa. Quantas crianças apenas mastigam um bolinho enquanto estão indo pegar o ônibus? Isso não faz bem a ninguém. O metabolismo desaba, resultando em fadiga, falta de concentração e armazenamento de gordura. Estudos mostram diferenças avassaladoras entre as crianças que tomam o café da manhã e aquelas que não tomam. Dê a seus filhos um café da manhã de verdade e eles terão um desempenho muito melhor — físico e mental. Enquanto isso, os lanches escolares estão indo em duas direções. Algumas escolas estão fazendo um verdadeiro esforço para oferecerem refeições mais saudáveis. Outras não conseguem lidar com isso e estão permitindo que as cadeias de *fast-food* assumam o comando de suas lanchonetes. Podemos também declarar guerra a nossos filhos! Descubra o que seu filho está comendo no lanche.

7. Não Pressione

Faça com que uma adolescente se sinta mal pela maneira como come e você está pedindo para ter problemas de verdade. Na melhor das hipóteses, terá ressentimentos. Na pior das hipóteses, distúrbios alimentares. Em vez disso, concentre-se na boa forma e na alimentação saudável, e faça disso uma prioridade da família, e não um campo de treinamento para um único filho.

Nossa mãe tinha boas intenções quando nos fazia raspar o prato, mas em geral isso plantava maus hábitos em nós. "Limpe o prato ou não terá sobremesa", era o que nos dizia, o que fazia com que nos empanturrássemos só para podermos chegar até o bolo, e, depois, de alguma forma empurrá-lo para dentro também. Ugh! Se você sempre comer até que seu prato esteja limpo, em vez de comer até estar satisfeita, você perderá a capacidade de julgar quando comeu o suficiente. As crianças se saem muito bem em comer o que necessitam. Em vez de obrigá-las a comer determinada quantidade de certa verdura, dê a elas muitas opções saudáveis (e menos porcarias), não use a comida como uma forma de recompensa, e deixe que elas tomem as próprias decisões sobre o que comer da variedade saudável que você oferecer.

8. Deixe-os Dormir

Os adolescentes não estão sendo preguiçosos quando saem tropeçando do quarto às dez da manhã; eles estão respondendo às suas necessidades biológicas. Novas pesquisas demonstram que os adolescentes precisam de uma ou duas horas a mais de sono que os adultos. Se os adolescentes dormirem menos de nove horas por noite, começarão a ter um desempenho inferior. Eles vão tirar notas piores, se envolverão em mais acidentes de carro, e terão maior probabilidade de desenvolver depressão ou TDAH (Transtorno de Déficit de Atenção por Hiperatividade).

9. Prepare-se para o Sucesso

Certifique-se de que o ambiente de seus filhos facilite os exercícios. Uma casa onde nada acontece do lado de fora, mas que tem uma enorme tela de TV do lado de dentro com todos os videogames famosos não incentiva o exercício. Se houver cestas de basquete, redes de vôlei e raquetes de tênis espalhadas, elas serão usadas. Se o problema for dinheiro, há muitos parques e estádios que oferecem quadras, ciclovias e natação gratuitamente, ou a preços populares.

10. Faça com que as Férias Valham a Pena

Independentemente de onde você mora, as férias podem ser uma ocasião excelente para apresentar aos adolescentes novos exercícios que podem prendê-los por toda a vida. Pode ser fazer mergulho na praia, andar a cavalo no campo, ou até esquiar. Quando o exercício é algo agradável, ele se torna muito mais fácil. Até São Paulo pode ser uma ótima cidade para se exercitar: ande de um museu a outro e você terá caminhado muitos quilômetros quando cair na cama do hotel à noite. A maioria dos parques temáticos inclui muita caminhada. Perto de nossa casa, eventos como feiras de produtos agrícolas mantêm as crianças em movimento a noite inteira sem que elas percebam (apenas tome cuidado com o algodão doce!).

Apêndice A

Fale-me Sobre Você

Quero ter notícias sobre seu sucesso! Não escrevo livros para mim. Não me sento em meu escritório à noite e fico examinando meus livros e dizendo: "Muito bom, Joyce! Boa frase esta!". Não, escrevo livros para alcançar vidas. Para estabelecer relacionamentos com você e com outras pessoas boas como você.

Um relacionamento não é uma via de mão única. É uma via de mão dupla. Então, para que nosso relacionamento progrida, preciso saber notícias suas! Seu sucesso é muito importante para mim. Quero ouvir sua história inspiradora e talvez compartilhá-la. Também receberei com alegria seus pedidos de oração.

Você pode entrar em contato comigo em:

Joyce Meyer Ministries
P.O. Box 655, Fenton, MO 63026
636-349-0303
www.joycemeyer.org

Apêndice B

Um Pouco de Precaução: Uma Lista para Checar Seu Progresso Diário

Seja um investidor e não um jogador. Você pode ignorar todas as pequenas coisas que contribuem para uma vida inteira de saúde e esperar ter sorte na velhice. Mas você também pode investir no futuro dedicando um pouco de tempo todos os dias à sua manutenção pessoal, sabendo que poderá "gastar" todo esse tempo, mais os juros, em uma vida longa e saudável. Use esta lista para fazer uma checagem diária e se manter nos trilhos. Você pode copiá-la deste livro ou desenvolver a própria lista.

Data_____

Tarefas Diárias

Nutrição

- [ ] 6 a 10 copos de água
- [ ] 5 porções de frutas e vegetais
- [ ] 2 porções de proteína saudável (peixe, frango, ovos, feijão etc.)
- [ ] Multivitaminas ou suplementos

Higiene

- [ ] Escovação dos dentes
- [ ] Fio dental
- [ ] Limpeza e hidratação da pele
- [ ] Cabelos e unhas limpos e atraentes

Estilo de Vida

- [ ] Exercício: _____ (atividade e duração)
- [ ] Vesti-me de uma forma da qual posso me orgulhar
- [ ] Usei sapatos confortáveis e resistentes
- [ ] Tive uma boa noite de sono

Espírito

- [ ] Diminuí ou evitei o estresse hoje: _____ (como?)

- [ ] Renovei meu espírito hoje: _____ (como?)

- [ ] Fiz alguma coisa por alguém: _____ (o quê?)

- [ ] Refleti sobre meus objetivos em longo prazo

Lembretes Gerais

Quando for pegar peso, proteja suas costas • Evite excesso de sol • Não fume • Não force sua vista com má iluminação ou usando óculos impróprios • Sorria sempre • Não faça nada em excesso • Faça um *check-up* anual • Lave as mãos com frequência para prevenir infecções • Faça uma limpeza dentária a cada seis meses • Ore por todas as coisas ao longo do dia • Desfrute sua vida.

Apêndice C

Soluções Rápidas de Emergência

Manter o brilho físico e espiritual resultante de uma saúde excelente tem a ver com você não abrir mão de seu plano de doze chaves todos os dias. Mas cuidado com os momentos de fraqueza. Os sentimentos surgem todos os dias, e todos nós os sentimos. Vencer esses momentos de fraqueza é sua chave para desfrutar uma vida saudável agora. Copie estas Soluções Rápidas de Emergência e leve-as para qualquer lugar; e quando você sentir que está enfraquecendo em alguma das áreas dessas doze chaves durante o dia, pegue sua lista e volte aos trilhos. *(Lembre, existem soluções rápidas de emergência para momentos de crise; leia cada capítulo do plano de doze chaves para atingir seu pleno potencial.)*

Chave 1: Deixe Que Deus Faça o Trabalho Pesado

Sentimento: Não consigo fazer isto! Não tenho força suficiente!
Solução Rápida:
- Pare o que está fazendo e limpe sua mente. Lembre-se de que você não precisa fazer isso sozinha. Peça a Deus para assumir o controle e agir através de você. Depois, volte à sua tarefa.

Chave 2: Aprenda a Amar Seu Corpo

Sentimento: Estou gorda/ feia/ velha/ seja lá o que for!
Solução Rápida:
- Trate-se bem imediatamente. Compre uma flor, coloque-a em um vaso ao lado de sua cama, e desfrute sua beleza. Lembre-se: "Fui criada à imagem de Deus. Deus me ama e eu me amo".

Chave 3: Domine o Metabolismo

Sentimento: Sou uma lesma! Meu metabolismo está em coma!
Solução Rápida:
- Tome um copo de água fria (acelera o metabolismo em trinta por cento).
- Tome um café da manhã com proteínas e grãos integrais.
- Não pule refeições!
- Exercite-se vigorosamente por dez minutos.

Chave 4: Exercite-se

Sentimento: Estou acima do peso.
Estou de mau humor/ com sono/ triste

Solução Rápida:

- Faça uma caminhada ou uma corrida. Ande de bicicleta ou nade. Não faça nada exagerado. O exercício moderado e diário elimina o risco de doenças cardíacas, diabetes e derrame pela metade, e derrete cinco quilos por ano de seu físico. Também alivia a depressão leve e a torna mais produtiva.

- Se você não puder dar uma caminhada, alongue-se em sua mesa de trabalho por dez minutos.

Chave 5: Alimente-se de Forma Balanceada

Sentimento: Hambúrguer e batatas fritas seria uma opção bem mais fácil para o almoço!
Ah, já sei! Massa!
Solução Rápida:

- Você pode fazer as escolhas certas; uma refeição de cada vez. Quando estiver indecisa entre uma escolha saudável e outra não saudável, clame ao Espírito Santo para que Ele a ajude a fazer a escolha certa. Agora, diga em voz alta: "Tenho autocontrole e comerei o que é melhor para mim".

- Maximize seus vegetais: peça a opção salada na lanchonete; ou o sanduíche com muitos vegetais, atum ou peru, e sem queijo; ou a pizza vegetariana.

Chave 6: Hidrate Sua Vida

Sentimento: Estou caindo de cansaço; preciso de comida ou de cafeína!
Solução Rápida:

- A sensação de fraqueza provocada pela desidratação costuma ser confundida com fome ou baixa energia. Tome um copo cheio de água imediatamente, espere quinze minutos, e veja se você se sente melhor.

- Tome um copo de água antes de cada refeição.
- Mantenha uma garrafa de água com você o tempo todo.

Chave 7: Alimente-se com Atenção

Sentimento: Preciso de alguma coisa para mastigar enquanto trabalho / dirijo / assisto à TV.
Acho que vou comer mais um pouco!
Terminei. Deve estar na hora da sobremesa!
Solução Rápida:

- Mantenha petiscos saudáveis e fáceis ao alcance: minicenouras, barras de proteína, flores de brócolis, frutas e picolés de frutas são boas opções.

- Sempre que levar comida à boca, pergunte a si mesma: "Isto é gostoso? Preciso disto?". Coma somente os alimentos necessários.

- Nunca se sirva pela segunda vez. Você não precisa disso. Em vez disso, solte o garfo, levante-se e dê uma volta.

Chave 8: Contenha Sua Fome Espiritual

Sentimento: A comida é a única coisa que me interessa.
Solução Rápida:

- Você está confundindo fome espiritual com fome física. Se você está se sentindo entediada, solitária ou deprimida, a comida não vai preencher esse vazio. Em vez disso, feche os olhos e imagine o amor de Deus sendo derramado dentro de você. Agora pense no quanto aquele aperitivo parece uma bobagem.

Chave 9: Diminua o Estresse

Sentimento: Ahhhh! Estou tão frustrada e irritada com o trabalho / com meu marido / com a vida, que não consigo relaxar!
Solução Rápida:
- Feche os olhos, deite-se ou abaixe a cabeça sobre a mesa de trabalho, e conte até sessenta, imaginando cada número em sua mente enquanto conta. Respire profundamente enquanto faz isso. Lembre que isso também passará.

- Vá dar uma caminhada, correr ou nadar. Tome um banho ou ouça música suave.

Chave 10: Tenha a Visão Correta

Sentimento: Isto não faz sentido! Estou muito longe de meus objetivos!
Solução Rápida:
- Uma vida de sucesso é feita de dias de sucesso. Veja o quanto você chegou longe. Tire um instante, vá para algum lugar calmo e visualize a vida que você deseja. O que você pode fazer hoje — apenas hoje — para estar um passo mais perto dessa vida?

Chave 11: Facilite as Coisas

Sentimento: Não tenho tempo para fazer exercícios / cozinhar / ler este livro!
Solução Rápida:
- Você não recebe o crédito por seu nível de esforço no trabalho, portanto, sempre que possível, tome atalhos que levem à sua saúde.

- Caminhe em uma esteira ou pedale em uma bicicleta fixa enquanto assiste à TV. Use as escadas em lugar do elevador. Estacione na primeira vaga que encontrar e ande alguns metros a mais.

- Compre verduras pré-lavadas, vegetais e frutas pré-cortadas; camarão pré-cozido; e outros alimentos saudáveis que não exijam preparo. Ninguém gosta de ter tanto trabalho!

- Ler este livro e aprender estas dicas lhe dará mais tempo para desfrutar uma vida saudável, e não menos. Você não pode se dar ao luxo de não lê-lo!

Chave 12: Assuma a Responsabilidade

Sentimento: Eu teria uma boa forma e seria feliz se meus pais / meus genes / minha vida não tivesse(m) estragado tudo!

Solução Rápida:

- Talvez você não seja responsável pelos acontecimentos de seu passado que trouxeram você à situação atual. Mas é responsável se continuar assim! Você tem uma escolha. Diga a si mesma agora: "Ninguém pode assumir o controle de minha vida a não ser eu mesma. Com a ajuda de Deus, tenho o poder para mudar. Hoje me torno a pessoa de excelência que eu sempre soube que poderia ser".

Apêndice D

Suas Doze Chaves Pessoais

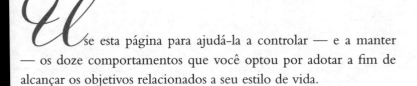se esta página para ajudá-la a controlar — e a manter — os doze comportamentos que você optou por adotar a fim de alcançar os objetivos relacionados a seu estilo de vida.

Chave	Comportamento, Hábito ou Prática
1. Deixe que Deus Faça o Trabalho Pesado	_____
2. Aprenda a Amar Seu Corpo	_____
3. Domine o Metabolismo	_____
4. Exercite-se	_____
5. Alimente-se de Forma Balanceada	_____

6. Hidrate Sua Vida _____

7. Alimente-se com Atenção _____

8. Contenha Sua Fome Espiritual _____

9. Diminua o Estresse _____

10. Tenha a Visão Correta _____

11. Facilite as Coisas _____

12. Assuma a Responsabilidade _____

Bibliografia

Agatston, Arthur. *The South Beach Diet.* Emmaus, PA: Rodale, 2003.

The Alternative Advisor. Alexandria, Virginia: Time-Life, 1997.

Atkins, Robert. *Dr. Atkins New Diet Revolution.* New York: Harper-Collins, 2002.

Bailey, Covert. *Smart Exercise.* Boston, MA: Houghton Mifflin, 1994.

Boston Women's Health Book Collaborative. *Our Bodies, Ourselves.* New York: Simon and Schuster, 1998.

Colbert, Don. *What Would Jesus Eat?* Nashville, TN: Thomas Nelson, 2002.

Cooper, Kenneth. *Faith-Based Fitness.* Nashville, TN: Thomas Nelson, 1995.

Dement, William. *The Promise of Sleep.* New York: Delacorte, 1999.

Evans, Mark. *Mind Body Spirit.* London: Hermes House, 2002.

Foods That Harm, Foods That Heal. Pleasantville, NY: Reader's Digest, 1997.

Hiser, Elizabeth. *The Other Diabetes.* New York: William Morrow, 1999.

Kalb, Claudia. "Faith and Healing". *Newsweek,* November 10, 2003, pp. 44–56.

Merck Manual of Medical Information, Second Home Edition. New York: Pocket Books, 2003.

Nelson, Miriam. *Strong Women Stay Young.* New York: Bantam, 1997.

"Overcoming Obesity". *Time,* June 7, 2004.

Sansone, Leslie. *Walk Away the Pounds.* New York: Warner, 2005.

Sapolsky, Robert. *Why Zebras Don't Get Ulcers.* New York: W.H. Freeman, 1998.

Schmid, Randolphe. "Stress Found to Activate Enzyme That Impairs Memory". Associated Press, October 29, 2004.

Tanner, Lindsey. "Walking May Keep Older Minds Sharp". Associated Press, September 22, 2004.

Weil, Andrew. *Eating Well for Optimum Health.* New York: Knopf, 2000.

Willet, Walter. *Eat, Drink, and Be Healthy.* New York: Free Press, 2001.

Sobre a Autora

Joyce Meyer é uma das líderes no ensino prático da Bíblia no mundo. Renomada autora de *best-sellers* pelo *New York Times*, seus livros ajudaram milhões de pessoas a encontrarem esperança e restauração através de Jesus Cristo.

Através dos *Ministérios Joyce Meyer*, ela ensina sobre centenas de assuntos, é autora de mais de 80 livros e realiza aproximadamente quinze conferências por ano. Até hoje, mais de doze milhões de seus livros foram distribuídos mundialmente, e em 2007 mais de três milhões de cópias foram vendidas. Joyce também tem um programa de TV e de rádio, *Desfrutando a Vida Diária*®, o qual é transmitido mundialmente para uma audiência potencial de três bilhões de pessoas. Acesse seus programas a qualquer hora no site www.joycemeyer.com.br

Após ter sofrido abuso sexual quando criança e a dor de um primeiro casamento emocionalmente abusivo, Joyce descobriu a liberdade de viver vitoriosamente aplicando a Palavra de Deus à sua vida, e deseja ajudar outras pessoas a fazerem o mesmo. Desde sua batalha contra um câncer no seio até as lutas da vida diária, Joyce Meyer fala de forma aberta e prática sobre sua experiência, para que outros possam aplicar o que ela aprendeu às suas vidas.

Ao longo dos anos, Deus tem dado a Joyce muitas oportunidades de compartilhar seu testemunho e a mensagem de mudança de vida do Evangelho. De fato, a revista *Time* a selecionou como uma das mais influentes líderes evangélicas dos Estados Unidos. Sua vida é um incrível testemunho do dinâmico e restaurador trabalho de Jesus Cristo. Ela crê e ensina que, independente do passado da pessoa ou dos erros cometidos, Deus tem um lugar para ela, e pode ajudá-la em seus caminhos para desfrutar a vida diária.

Joyce tem um merecido PhD em teologia pela Universidade Life Christian em Tampa, Flórida; um honorário doutorado em divindade pela Universidade Oral Roberts em Tulsa, Oklahoma; e um honorário doutorado em teologia sacra pela Universidade Grand Canyon em Phoenix, Arizona. Joyce e seu marido, Dave, são casados há mais de quarenta anos e são pais de quatro filhos adultos. Dave e Joyce Meyer vivem atualmente em St. Louis, Missouri.